图解日本终端服务

顾客满足ってなあに？

服务的细节006

如何让顾客的不满产生利润

[日]佐藤知恭 著　　王占平 译

東方出版社

目录

卷末资料

前言

“丢掉了 CS 就没有 CS”。 这句话中，前面的 CS 是英文 Customer Service 的缩写，即“顾客服务”；后面的 CS 是英文 Customer Satisfaction 的缩写，即“顾客满意”。 大约从 1989 年左右开始，“顾客满意”也渐渐变成了日本人谈论的话题，比美国晚了 5 年。 目前日本已有三成以上的企业建立了 CS 推进组织并潜心研究，四成以上的企业开始研究 CS，此外还有大量有关顾客满意方面的书籍出版。 但事实上，不少企业仍是处于没有掌握任何理论知识和无计划性的状态之下。

在日本，在顾客满意的相关探讨中所欠缺的，是作为企业整体体系的顾客服务的具体展开。 当进行顾客满意度调查时，发现很多企业自我满足于“我们给 70% 的顾客提供了满意的服务，所以我们很优秀”的想法，从而得出“舍弃剩下的不满意顾客”这一与“顾客满意”背道而驰的结论。

为什么企业要追求“顾客满意”呢？ 这是因为顾客满意度关乎企业利润，甚至有时会左右企业的生存发展。 然而目前围绕顾客满意的探讨，还仅仅是以扩大关注度和给顾客留下好印象的 CI（CI 是 Corporate Identity 的缩写，意为企业标识。——译者注）思想为中心。 我们必须认识到顾客满意既不是营销手段也不是选美大会，而是企业扩大利润和谋求发展的最后关键手段。

“顾客满意”是 21 世纪的企业经营理念，是全球性潮流。 1991 年海湾战争爆发后不久，我作为发言者出席了在伦敦召开的由欧洲管理协会主办的“第一次全球服务会议”。 我从会议的氛围中感受到各国参会者对于“依靠产品质量称雄世界的日本，如果再加上高质量服务将会怎样”的恐惧感。

然而遗憾的是，不要说关于顾客满意的理论性研究，就连顾客服务的系统性推进工作日本人也没有做。日本人还停留将“顾客满意”理解为以往 QC（QC 是英文 Quality Control 的缩写，意为品质管理。QC 小组是车间内自发组成的小组，于 20 世纪 60 年代产生于日本并很快普及开来。他们研究在工作中遇到的各种问题，如改善产品、提高服务质量、减少不良品、研究安全生产对策等。这些工作提高了 QC 小组的整体能力和自主性。QC 小组在培养人才和活化车间工作等方面发挥着很大作用，加强了日本制造业的国际竞争力。——译者注）小组工作延伸的认识上。

作为一个研究企业的消费者对应问题长达 20 多年的学者、一个于 1980 年首次将约翰·古德曼定理引进日本的人，和一个为如何改变这种对 CS 一知半解状态而苦想中的人，我感到有责任向大家浅显易懂地介绍用于顾客满意的具体服务理论和实际开展方法。为了使读者更易于理解本书内容，我还加入了很多漫画和插图。本书可能是日本最早的系统说明有关顾客满意具体开展方法的理论书。虽然加入了漫画，但也和现在流行的相关基础书籍大为不同。我的初衷是本书能作为教材在大学课堂、企业培训和研讨会上得到应用。

本书中的漫画和插图由曾入选第 31 届手塚奖（手塚奖是由日本集英社主办的面向少年故事漫画的新人奖。于 1971 年上半年创立，每年举行两次。——译者注）的原纪子女士绘制。她是日本著名漫画杂志《周刊少年JUMP》中《北斗神拳》的作者原哲夫先生的夫人，同时也是我妻子挚友的女儿。从她的少女时代开始，我就很关注她的艺术才能。此次，她克服了带着两个年幼孩子的诸多不便和困难，为本书完成了漫画和插图。

采用漫画的想法源于去年 7 月我和 N 公司 CS 推进室

春山美树小姐的邂逅。但需要说明的是，她绝不是本书漫画中的原型，本书内容与 N 公司也无任何关系。

在本书出版之际，我在此对以下各位谨表谢意：于 1980 年开始交往的、可以说是我老师的 TARP 公司的约翰·古德曼先生，我翻译的《优秀服务》一书作者——安飞士欧洲公司（AVIS Europe）顾客满意部部长琳达·拉什女士，相识并有过书信往来的《服务管理革命》的作者卡尔·阿尔布雷希特先生和罗恩·泽克先生，服务管理界权威、得克萨斯 A&M 大学的雷奥·贝利教授。

此外，对以本人就职的白鸥大学的上冈条二副理事长、原田俊夫校长和加藤孝经营系主任为首的各位老师同仁，对协助我整理原稿的消费者对应论研究班学员竹内仁等 10 位同学，对与 TARP 公司有合作关系的 Bellsystem24 株式会社园山征夫社长和江头泰雄董事，在此一并表示衷心感谢。

当海湾战争战事正酣之时，我不顾妻女们的强烈反对，毅然独自一人拖着行走不便的身体，远赴哥本哈根、伦敦、纳什维尔、菲尼克斯等世界各地去调查研究。在本书完成之际，对曾为我担心不安的妻女们，致以我衷心的歉意。

本书能够出版，我还要衷心感谢以斋藤保民先生为首的编辑部所有成员，这是他们共同努力的结果。斋藤先生曾经给我机会在季刊杂志《消费和流通》上首次向大家介绍“古德曼理论”。

我希望本书能在促进日本企业正确理解“顾客满意”方面贡献一点力量。另外我也期望“实现所有顾客（无论公司内外）的期待和满意是21世纪唯一的经营哲学”这一认识能成为所有企业的理念。

佐藤知恭

于蓼科（长野县）山中小屋

第一篇

如何理解“顾客满意”？

第一章

为什么现在是“顾客满意”的时代?

在这个时候，我偶然看到了《日经流通新闻》的报道，并从中得知了白鸥大学的佐藤老师。
之后我好几次就CS理论和企业易于实施的计划等问题请教了佐藤老师。
他的谈话非常通俗易懂。
以佐藤老师的理论为基础，
现在我们公司正在进行系统和程序的制作工作。进展很顺利。
恐怕很多人也会像一年前刚被派到CS推进室工作时的我一样，
苦于不知道应该做什么、从哪里着手。
幸好有了这本汇总了佐藤老师理论的书，您只需支付1 400日元购买（本书的定价），这本书就会帮助您掌握这些技能。

日经流通新闻
在理解上与欧美企业之间的差异
顾客满意的本质和课题
日经产业
CS
意识改革
QC
“顾客满意”第一位
顾客咨询 竞争汽车行业
朝日新闻

CS 推进部的黄金时代

从 1989 年左右起，日本也开始频繁谈论有关顾客满意的话题，可以说成为了一种热潮。根据某项相关调查结果，在参与调查的企业中，23.5%“已经致力于 CS 工作”，3.7%“正处于准备阶段”，6.4%“正在潜心研究 CS”，至此已占 33.6%。此外，“正在收集相关信息”的企业为 42.7%，以上合计 76.3%。可以看出，CS 的受关注程度相当高，未进行相关信息收集和研究工作的企业还不到三成。

无论丰田、日产还是马自达，都有自己的 CS 推进部或推进室。丰田花费三年时间创立了 CS 推进委员会，目前 CS 工作已经在公司内稳定下来，所以于 1991 年 11 月 27 日解散了该委员会。日产也将以往由顾客咨询室室长兼任 CS 推进室长变成了专人专职。日立也专门设立了 CS 委员会。家电行业的索尼、NEC、松下电器，服务行业的 JTB 和 JR 东日本等公司也很活跃。走进书店，随处可见《顾客满意度》、《优质服务》、《CS 经营》等相关书籍。在专营商务用书的旭屋书店里，还专门设置了“CS 图书角”。

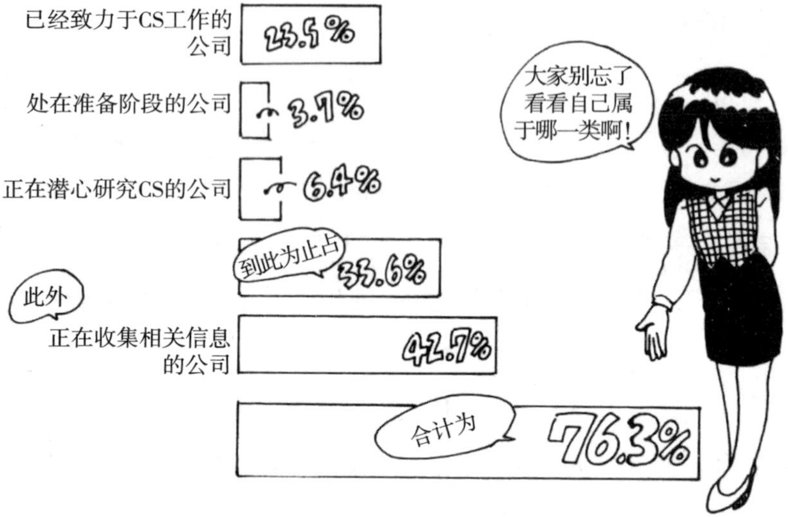

图 1－1　CS 的受关注程度相当高

“顾客满意”是什么

不过，我担心日本企业是否是在充分理解 CS 本质之后才设立的 CS 部门、是否会将顾客满意作为销售战略或宣传活动的一个环节。 图 1－2 的谈话，是发生在一家大型企业里的真实对白。

最近总算能隔三差五地在报纸和杂志上看到如“CS 不仅仅是宣传活动”这种论调的文章了。 但一般的企业和研究者似乎还没有洞察到 CS 和 21 世纪服务经济型社会中的新型企业经营理念紧密关联的事实。

图 1－2　日本企业没有真正理解 CS 本质

实际上，致力于 CS 研究的学者可以说是寥若晨星。即便欧美也只是刚刚起步，目前仅有以下几所大学和研究机构在从事 CS 研究：从产品质量方面着手研究服务品质的威斯康星大学（麦迪逊）和得克萨斯大学（阿灵顿）、研究领域由市场营销战略扩展到服务的得克萨斯 A&M 大学、亚利桑那州立大学的服务与市场营销战略研究所以及瑞典的哈尔姆斯塔德大学等。

图 1－3 是平成 2 年（1990 年）5 月 9 日在朝日新闻等全国性报纸上刊登的马自达整版广告。该广告采用新闻播报类的表现形式，并邀请了节目主持人逸见政孝。广告正文标题为“讲究汽车品位的德国人评选马自达为‘顾客满意度第一名’”。而且在正文中写道，在西德进行的此次消费者测试中，马自达超过了一直稳居第一名的奔驰，最终拔得头筹。此次调查是以 1981 年到

图 1－3　马自达整版广告

1989 年之间购买新车的约 25 000 名车主为对象，以问卷形式对所使用汽车满意度进行的调查。据说当时的西德汽车用户中有 93% 的人表示“下次还想乘坐马自达汽车”。文中还补充说，宝马、大众、坤宝汽车并列排在第 2 位，支持率为 88%。

看了这则广告，我明显感觉到了“由于西德消费者推荐马自达汽车为满意度第一名，所以日本消费者也应该对马自达汽车满意”这种企业的傲慢态度。

所谓“顾客满意”，是顾客自身决定的东西，而不应该是企业决定或者强加给消费者的。看了这则广告，我感觉到日本的企业意识在这 20 年来没有发生过任何变化。下面就这一问题阐明一下我的观点。

图 1-4　何谓“市场营销”

1969 年 4 月，在日本也享有盛名的经济学家彼得·德鲁克（Peter F. Drucker）在全美制造业协会营销委员会上做了演讲。演讲的题目是“消费者主义——营销的良机”。当时，美国的企业正遭受拉尔夫·纳德（Ralph Nader）所倡导的消费者主权运动的攻击。德鲁克以“消费者主义是整体营销的耻辱”为开场白开始了他的演讲。也就是说，由于营销未满足来自顾客的需求而产生了消费者主权运动。换句话说，因为没有使顾客满意而产生了消费者主义。这是市场营销的耻辱。最后，德鲁克以“消费者主义实际上应该是营销的良机，应该是这样，我也希望是这样”结束了他的演讲。

营销的目的虽说是满足顾客需求，可企业就随意地把这个需求判断为由企业逻辑和企业语言产生的需求，而不是由顾客（消费者）自身产生的需求。 从这个观点来看，马自达的广告可以说是企业对顾客满意的想法十年如一日、始终也没有从自身逻辑中迈出来的写照吧。

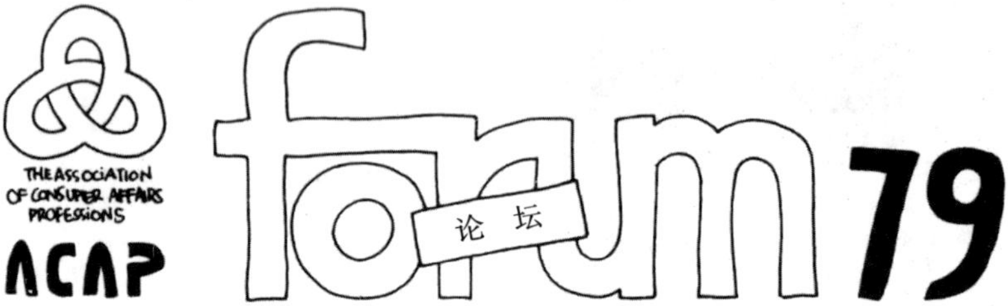

图1－5 消费者相关专家会议

“顾客满意”的定义尚未确立

日本连“顾客满意”的定义也还未确立。

日经流通新闻的定义（1991年10月30日）

CS是Customer Satisfaction的缩写。 通过系统地掌握对服务和商品的顾客满意度，可以发现存在的问题，维持和拓展顾客群。 进一步地，通过调查顾客对未来服务水平的期待程度，还能够增加潜在顾客。

消费者相关专家会议（ACAP）的定义

最近2～3年中在各种研讨会上成为话题的Customer

Satisfaction，是指建立只有“购买和使用企业商品和服务”的顾客才有资格评价的体系，是企业应该具备的思想。 这和日本传统的顾客至上精神和营销领域的顾客意愿有所不同。

如果把这些称为CS的定义，我感觉不合适。

看一看下面的相关座谈会报道，便能了解在此方面具有专业学识和经验的人士对CS的理解水平。

早川：我认为顾客满意（CS）今后也将会是一个很大的课题。TQC（TQC是英文Total Quality Control的缩写。意思是全面质量管理。全面质量管理是以组织全员参与为基础的质量管理形式。全面质量管理代表了质量管理发展的最新阶段。——译者注）正在渐渐失去它的光环，所以这是为了刺激员工参与经营而再次被提出的。我认为应该加强对消费者的关注。

田岛：从某种意义上来说，日本是一个需要运动的国家。TQC在美国并没有成为热门话题，但进入日本之后，一下子跃升到提高生产率运动的延伸位置上。因此，CS也还是通过企业责任和运动，由上而下地渗透普及比较好。日本也是一个需要口号的国家，我认为CS就是一个很好的口号。

早川：我希望CS运动今后能够更加面向消费者。

注：上述内容刊登在ACAP《论坛》杂志总第79期1992年1月号上。

图 1－6　CS

从上面这段对话中可以看出，他们只是把 CS 理解成质量管理小组工作的延伸，是由员工参与的新运动。

我对顾客满意所下的定义

是指对于提供的商品、服务及提供者的理念，顾客根据自身标准找到所能接受的质量和价值。

第二章

21 世纪的经营理念是 CS

佐藤老师接下来的谈话中开始讲到“为了理解‘顾客满意’，必须要从历史性的社会经济变化开始学起”。

工业经济型社会的发展

工业的发展
随着铁路建设的快速发展，匹兹堡的钢铁业和芝加哥肉食品加工业等以北部为中心的工业在美国各地兴盛起来。
劳务争端和罢工运动
伴随着工业的发展，劳务争端和罢工运动屡屡发生。
罢工
罢工
大量生产的开始
1907年，福特公司首次将大量生产的福特T型车投放市场。
FORD MOTER C
第二次世界大战爆发
1940年，德军战车如洪水猛兽般地突破了马其诺防线。
当时世界最大汽车公司通用（GM）被分派的最高任务是研究如何才能高效率生产大量战车和卡车。
通过金字塔式组织来提高生产率。处于金字塔最底层的车间员工无需考虑任何事情，只要按照指导手册做分配给自己的工作就可以了。
GM
管理十二三名下属的班长任务是：监督下属在指定时间内完成上级分派的指标。
为了提高员工工作效率，通用汽车公司进行了各种实验和尝试。
弗雷德里克·泰勒的工作监督方法
吉尔布雷斯夫妇的『动作分析法』。
动作分析方法
伸
抓
嵌入
移动
折叠
转动
弯曲

GM 管理

被誉为“经营之神”的经营学者彼得·德鲁克，作为二战时通用汽车公司的经营分析家，为生产的效率化和提高生产率做出了贡献。之后他又确立了被称为“GM 式经营理念”的企业经营理念和系统，具体内容如图 2－1 中所示。

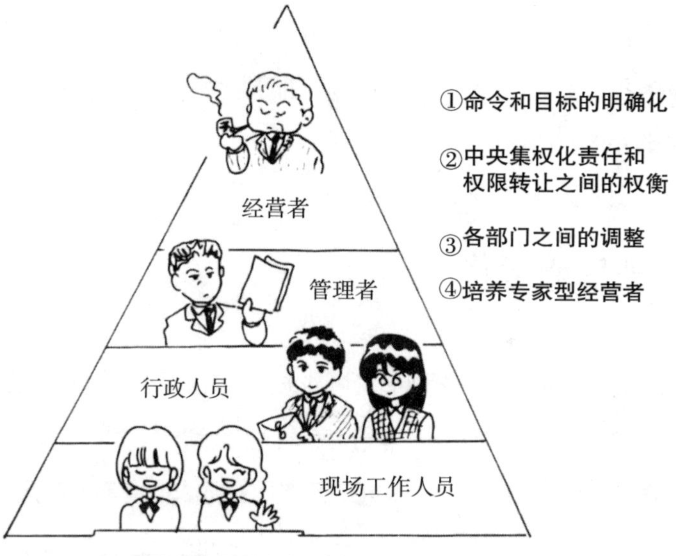

图 2－1　GM 式经营理念

二战结束之后，该理论被人们广泛接受，以哈佛商学院为首，几乎所有的商业学校都依据这一理念培养企业经营者。他们把彼得·德鲁克当成教主，把商业学校作为教会开展教学工作。经过三四十年的时间，在“GM式经营理念”的指导下，这些商业学校培养和改造了众多年轻有为的人才和优秀经营者。

战后的日本百废待兴，生产性本部（日本生产性本部是直属于日本产业经济省的特别财团法人。——译者注）派遣视察团和研修小组前往美国取经，由此，日本企业也如饥似渴地采纳了“GM式经营理念”。该理念是把经营者放在顶端，把一线员工放在最底端的金字塔形组织结构思想。当时日本几乎所有的公司、生产厂家和服务业，只要是公司组织，都是通过如图2－1所示的金字塔形组织结构来经营企业。

经济结构的变化

美国从农业经济型社会过渡到工业经济型社会大约用了一个世纪。1956年，美国社会结构发生了巨大变化：在就业人口中，提供服务的白领人数首次超过了从事制造工作的蓝领人数。趋势分析师约翰·奈斯比特将这个时代命名为“后工业化社会”，并把这一年（1956年）定为“后工业化社会元年”。在日本，“后工业化社会”被称为“信息化社会”。后来这个词很快又在美国被广泛应用开来。

日本从事第三产业的人数已经达到60%。但是在被归类为制造业的公司中，实际从事产品制造的员工又占到多少呢？据说 IBM 在全世界拥有34万名员工，但实际制造电脑的人数是多少呢？丰田汽车公司有7万名员工，其中生产线上的一线员工有3万人，而这3万人中实际制造汽车的人又有多少呢？从事实际生产之外的员工都在为顾客提供某种形式的服务。为什么经济社会服务化发展得如此快速呢？这其中有几个原因。

首先，让我们站在企业的角度考虑一下吧。

企业为了在竞争对手面前保持优势地位，需要研发新产品投放市场。为此必须投入巨额资金用于研究开发，而且在每年进行庞大的设备投资的同时，还要确保引入有能力的人才。这些因素都加快了劳动力不足的进程。

超出消费者使用能力的商品

在此背景下，众多使用方便的商品便应运而生了。以电话为例。过去的电话很简单，只要拿起听筒拨号就行了。但是如今的电话，即使认真阅读了使用说明书，大部分人也只能掌握极少部分的功能。特别是对很多不擅长机械操作的女性来说，不要说使用遥控听取录音电话内容等功能，就连简单的录音电话设置和播放都不会。

图2－2 超出消费者使用能力的商品

文字处理机和电脑也是一样。我使用文字处理机写稿已有六年多了。本书的原稿也是用文字处理机写的。但是说到文字处理机的诸多优秀功能的话，我想我知道的大概连其中的十分之一也没有。说实话，我从没想过要使用其他功能，也不可能使用其所有功能。

请看文具制造厂家锦宫（KING JIM）公司以东京的500名女性为对象进行调查的结果：能在录音电话上留言的人占40%，能够熟练操作摄像机的人占30%，即便是九成家庭都拥有的录像播放机，能够预约录像的人也只占75%，而在40岁以上的人群中竟然低至50%左右。

消费者不能熟练操作的理由有：功能过多（77%）、说明书不易理解（47%）、开关种类过多（46%）。而且每三个人中就有一个人“生来就不擅长机械操作”。

即使所有的商品功能都变得优化和方便了，如果消费者不能熟练操作的话就没有任何实际意义。另一方面，消费者本身也会变得焦躁不安。

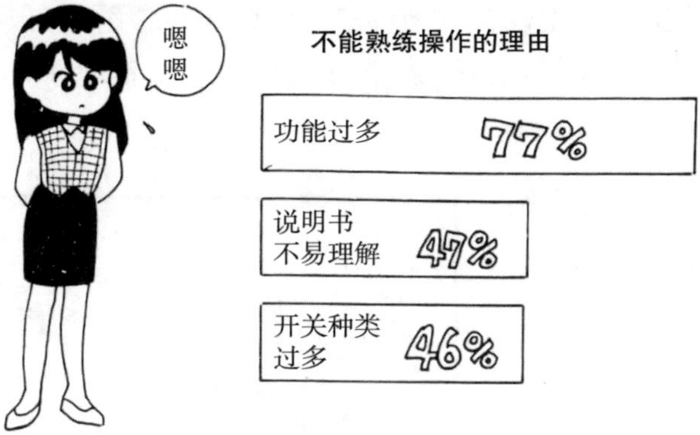

图 2-3 消费者不能熟练操作的理由

如果商品简单的话，消费者自己也能修理。如果是自行车，有的消费者自己就能轻松修理，但却不会修理汽车。会修理真空管收音机的消费者，却不会修理电视机。这些必须请专业人员来修理。放眼当前的商品市场，远远超出消费者知识和能力的商品大肆泛滥。令人怀疑研发新产品的目的到底是为了提高消费者满意度，还是为了技术人员获取成就感呢？

消费者的认识和行为发生了变化

接下来，让我们站在消费者的角度考虑一下吧。

二战之前，家庭主妇们早晨 5 点钟起床，用锅灶烧柴做饭。二战以后，东芝开始销售电饭锅。即使不注意火候也能自动做饭，主妇们可以多睡 1～1.5 小时的觉了。而近几年生产的电饭锅还拥有定时功能，只要预先把时间调整好，就可以在您需要的时间自动做饭并保温。

图 2－4　便利的现代生活

过去，盒饭是在家里做、外面吃的食物。而现在，盒饭是在外面买、家里吃的食物。考虑每天的食谱是最令主妇们感到头疼的。但现在不用担心了，有每天将食材送货上门的公司。打扫卫生对家庭主妇来说也是一项很费力的工作，但现在也由钟点工代劳了。

对于二战后那些蜗居在被火烧过的野地小房子里、食品短缺的人们来说，现在的方便程度简直是无法想象的。

马斯洛定理

人类的需求首先是吃、喝和性交。满足了这些“生理需求”，下一阶段的需求就是“安全和保障”。然后就是诸如归属和想拥有某些东西的“归属和感情需求”；第四阶段是想被别人认可的“尊重需求”；第五阶段就是“自我实现需求”。这是一位名叫马斯洛的美

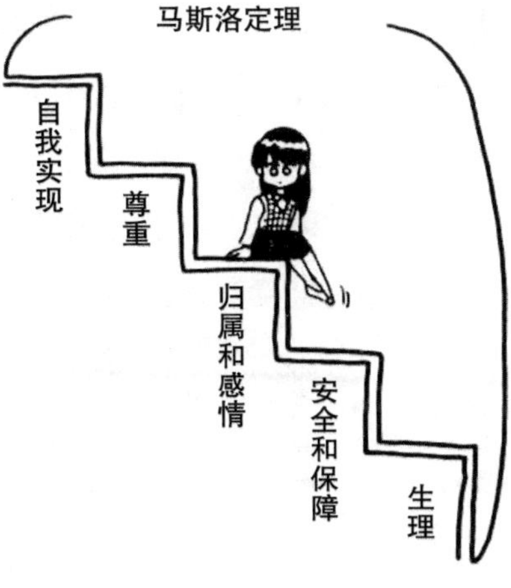

图 2－5　马斯洛定理

国心理学家提出的理论。

我们经常会在电视新闻中看到，在一些发展中国家，就连基本的“生理需求”都没有得到满足。

而在日本、美国和西欧各国，几乎所有国民都已经达到马斯洛定理中“自我实现需求”的阶段。

人的需求是永无止境的

人一旦享受了舒适生活，那么降低生活水平是非常困难的。 过去的学生们，两三个人住在一间破旧的小房间里也能认真学习。 可现在的学生们住在单间公寓里，如果房间里没有电视、空调、冰箱、电话等设备，还住不习惯。 二战后结婚的人们，很多人都是把装桔子的纸箱当做餐桌来生活的。 不久后，虽然有了洗衣机，但也是单缸的，拧干衣服还是要靠手动来操作。 冰箱没有冷冻室，只能制冰。 电视机是黑白而不是彩色的。 之后又有了汽车。 这一代人——现在 50 岁左右的人们是一点一点花时间才过上如今的方便生活的。

现在人们结婚，因为要一次性配齐全自动洗衣机、大冷藏室的冰箱、带 BS 功能大画面彩色电视机、无绳电话、汽车等所有东西，所以是一笔很大的开销。 由于在父母家生活时所有这些东西都有，而且一直是这么方便地生活着，所以让年轻人们住在小单间里、用着公用的厨房和厕所，根本就无法适应。

图 2-6　永无止境的人类需求

随着科学技术的不断进步，生活变得越来越方便，顾客需求也在迅速提高。让我们想一想银行的存款手续吧。以前去银行存钱，假设您是在三菱银行池袋支行开的账户，那么您在别的支行既不能取钱也不能存钱，而且办理存取款业务时还得拿着存折和印章。不久后出现了银行卡，只要是同一家银行，无论您在这家银行的哪家支行都可以取钱，这种方式持续了很长一段时间。

后来，银行之间的 ATM 机取款限制也消失了。比如说您可以用富士银行的卡在住友银行的 ATM 机上取钱，这极大地方便了顾客的生活。

在取款时间方面，平日可以在早 3 点至晚 7 点提取，即使星期六银行休业时也可以借助 ATM（现金自动取款机）在下午 5 点之前取款。最近，星期日也提供 ATM 机服务的银行变得越来越多。而在美国有很多 24

小时全年无休的 ATM 机。

图 2－7　结婚时要一次性配齐所有物件

图 2－8　ATM 机服务

买东西是浪费时间

购物也在悄然发生着变化。 过去的家庭主妇们购物，必须逐一到蔬菜店、鱼铺，顺路再去服饰用品商店和杂货店。 而现在买东西只要在超市一个地方就几乎全部搞定。 而且不必每天去购买，因为家里有大容量冰箱，所以一次可塞入一周的食品。

图 2－9　主妇购物的今昔对比

过去到百货商店购物，对家庭主妇来说是一种休闲，也是一种享受。 现在有工作的家庭主妇越来越多，全职主妇可做的事情也增多了。 她们在业余时间去做健身操、跳爵士舞、打网球、参加各种培训班、唱卡拉 OK 等等，总之非常忙碌。 这么一来，购物就显得浪费时间，成了一件令主妇们痛苦的事情。

因此，邮购商品变得盛行起来。1982 年市场规模达 6 400 亿日元的邮购销售，在 1990 年达到了 1 兆 6 000 亿日元。短短的 8 年时间，销售额激增至 1982 年的 2.5 倍，而且年平均增长率也创下了 12% ~13% 的记录。不过，日本 1990 年度邮购销售额仅占零售业销售总额 114 兆日元的 1%，与美国的 10% 和当时西德的 4.6% 相比较低。大家都期待着日本的邮购销售额也能迅速增长。

图 2－10　方便的邮购商品方式

如上所述，服务和我们的关系变得越来越密切，在我们生活中所占的比重也越来越大。此前，家庭主妇把原材料买回家自己做饭菜，而现在每个家庭做饭时只使用副食或加工好的食品，而且在外就餐的比率也相当高。尤其是休息日时，在餐馆前排队等位的人群随处可见。

现在是一个服务的时代，我们正生活在服务经济型社会中。

第三章
思考服务

所有的企业都在提供服务

提起服务，大多数人、甚至企业的经营者都会联想到宾馆、餐厅之类的地方。

前几天我遇见一家大型食品公司的社长，他对我说："佐藤老师，我们公司是生产巧克力和零食的，和服务没什么关系啊。"

并不只是所谓的服务业才和服务相关联，事实上所有的企业都和服务有关系。

美国哈佛商学院的西奥多·莱维特教授持有如下观点：

"当今社会不存在所谓的服务业。所有企业和组织都在提供服务。不同的只是眼睛能看到和手能触摸到的商品数量的多少。”

图3-1　提供服务的只有宾馆和餐厅吗?

日本从事服务研究的先驱者、东海大学的清水滋教授对服务做了如下分类。

服务精神：在考虑自身利益之前，首先重视对顾客等其他人的贡献，其结果是提供服务者能够得到利润和满意的报酬。这是一切服务的基本精神。

服务态度：表现在提供服务者的态度表情、动作、服装、仪容、对顾客的关怀等方面。

服务业务：肉眼看不见的无形商品。它本身正作为一项工作对有形商品进行补足和完善。例如：送货上门服务、宾馆服务、餐厅服务、商品的保养和修理等售后服务、电信电话服务、信息服务、法律服务（律师等）、运输服务、金融服务、零售业服务、医疗服务、教育服务、行政服务等。

服务牺牲：是指免费提供给顾客特定商品或用大降价之类的企业牺牲行为提供的服务。

图3－2　服务的分类

在企业提供的服务之中，首先是服务精神。服务精神已经转化为企业的经营理念。其次是员工的服务态度，第三个是服务业务，即所谓的无形商品（法律用语叫做“劳务”）。最后一项是服务牺牲，是指将特定商品免费提供给顾客或依靠大降价之类方法等企业牺牲行为提供的服务。企业应将这些服务全方位地提供给顾客。

日本的服务精神始于江户时代

服务精神是日本自古以来就被大为提倡的。根据当时的文献（三井高利《经商记》）记载，“精神服务”的观点是在德川时代之初被提出来的，即通过提供令顾客满意的工作使企业获得利润。

1600 年在日本历史上正值织田·丰臣之后的安土·桃山时代的终结，德川家康在决定成败的关原之战（庆长 5 年）中获胜，社会处于向下一个时代——江户时代转变并显现出巨大变化的关键时期。此后，德川家康于 1603 年（庆长 8 年）在江户创建了幕府。

“大阪冬之阵”发生在庆长 19 年（1614 年），而令丰臣家灭亡的“夏之阵”发生在元和元年（1615 年）。

越后屋女老板的经营哲学

1604 年 5 月，在伊势的松坂有一对男女结成了夫妻。丈夫三井高俊当时 23 岁，妻子的名字没有流传下来，据说她之后皈依佛门，法号“殊法”，结婚时年仅 15 岁。

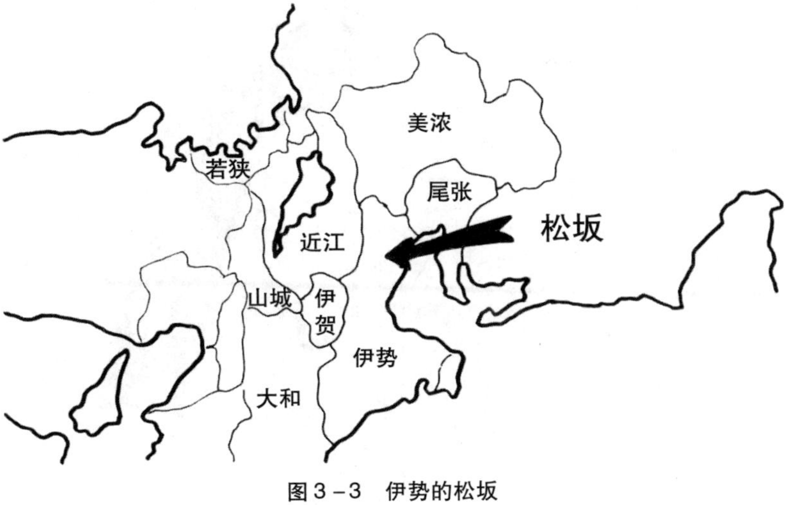

图 3－3　伊势的松坂

三井家族世世代代是大诸侯佐佐木氏的武将，是近江的鯰江城主，祖上是御堂关白藤原道长的六儿子藤原长家。三井家族从1156年左右开始拥有近江领地。但后来高俊的父亲越后守高安遭到织田信长的进攻而丢掉了鯰江城，他领着一家老小远逃到了伊势松坂这个地方。在织田、丰臣、德川这纷乱的时代变迁之中，高安并没有作为武将东山再起，而是成了一名商人。

高俊结婚时，三井家正以商号叫做“越后屋”的店铺主营酒和大酱。因为高俊从小接受武士教育，所以并不擅长经商。不过他的妻子是伊势当地有名的富商“角屋”家的女儿，从小对经商就有一定的了解，所以她嫁到三井家之后专门负责店铺的管理经营。

图3－4　越后屋

殊法的经营哲学是顾客至上主义和顾客满意至上主义。她家的店铺比其他家的利润低，而且还增加了商品种类。可以说最早在世界上实践“薄利多销”经营哲学的就是殊法。

殊法为顾客服务时，无论顾客的身份高低贵贱，她都会殷勤、主动地和顾客寒暄、打招呼，并拿出茶点、香烟等物品招待顾客，赶上吃饭时还请顾客一起吃饭。而且她对雇来干活的学徒和女佣等也是非常亲切。多年的耳濡目染让她懂得，让顾客高兴和满意是一件非常重要的事情。

延宝元年（1673 年），殊法的第四个儿子、在松坂经营金融业的三井高利突然收到从江户传来的噩耗：在江户经营和服面料、生意一直很兴隆的 66 岁的长兄俊次突然去世了。但这对此时还在松坂乡下做生意的 52 岁的三井高利来说，是一个千载难逢的好机会。

同年 8 月，三井高利很快在江户日本桥，即现在的日本银行总行院内开了一间布匹店“越后屋”。10 年后的天和 3 年（1683 年）4 月，他又在主干道、现在的三越总店位置上修建了一个大店铺。

这时，三井高利否定了传统的经商方法，提出了许多革新性战略。比如明码标价、低价甩卖、布匹剪开零售、灵活运用宣传手段（传单广告、借给顾客带商号名字的雨伞）、将布料缝制成服装后销售、兼营批发等，这些都是三井高利的发明。这些是挖掘顾客需求、让顾客满意的经商之法，是世界上最早的革命性经商方法。

图3－5 三井殊法的顾客至上主义

越后屋的这些经商方法，都是三井高利继承和实践了他母亲殊法的顾客满意至上主义。

三井殊法在世界上最早实践的“顾客满意至上主义”这一经商方法，被儿子三井高利作为“越后屋经商之法”继承下来，不久就在江户中期的商人之间作为“江户服务经商之法”普及开来。

江户商人将顾客名册供奉在神坛和佛龛之上，点上灯烛，早晚叩拜，以祈祷生意兴隆和全家平安。

从这里我似乎看到了当今流行的顾客名册和数据库营销战略的原型。

把顾客满意放在首位的经商之法，不仅仅是江户商人的专利。

日本国内知名的富山药店也把顾客至上主义作为其经商的根本。他们先把药分送给病人，然后在他们去探访病人的时候，只收取病人用掉的那一部分药品的费用。这种在当时世界上绝无先例的“先使用后收费”的销售方式，也体现了把方便顾客放在最优先位置的经商之法。

不考虑自己的得失，只是一心一意地让顾客满意，给商家带来利润、使企业繁荣的顾客至上主义，已经在我们日本人的血液之中流淌了长达400年之久。

服务态度

下面我们研究一下清水先生列在第二位的“服务态度”吧。

给客人递热毛巾是日本独创的服务习惯。在高温、炎热的日本夏天，当别人递给您一个热毛巾，会令您感到很舒服。这一服务习惯之后被引进到餐厅和酒吧里。

昭和29年（1954年）2月2日，二战后最早的日航公司国际线首个航班从羽田机场起飞，经由威克岛、檀香山飞往旧金山。当时第一次在航班上给乘客提供了热毛巾服务。这在世界上是第一次，当时和日航公司竞争的其他航空公司都没有这一服务。

图3-6 提供热毛巾的服务

仅提供热毛巾服务这一项，就使日航和其他航空公司实现了差别化。因为热毛巾是乘客能看得见、摸得着的东西，所以乘客很清楚日航服务相较于其他航空公司的优势。但是，提供热毛巾的服务很快就会被模仿，而且毛巾的价格也涉及不到太多成本问题。最早提供热毛巾服务是以在日本起降的航班为主，其他地域的国际航线和美国国内等航线一般都不提供。但现在，至少太平洋航线的所有航空公司都已经提供这一服务了。

因此，日航已经不能维持当初因提供热毛巾而在服务方面拥有的优势了。

如果日航还想维持优势的话，那么接下来需要考虑的就是如何将热毛巾递给乘客的问题。

日航从 1954 年一直到 1989 年，都是空姐用手将热毛巾一一递给乘客的。

而以新加坡航空公司为首的其他航空公司，都是将展开的毛巾用夹子夹住一角递给乘客。

后者的这种递毛巾的方法遭到日本乘客的很大抵制。这是因为日本人感觉好像是在递给自己什么脏东西，使他们联想到街上拾荒者捡垃圾时的情景。但对于日航递毛巾的方法，西方人却认为空姐用手摸过的东西不干净。因为不知道空姐们刚才去厕所时是否把手洗干净了。所以即使是同样的问题也会有不同的理解方法。

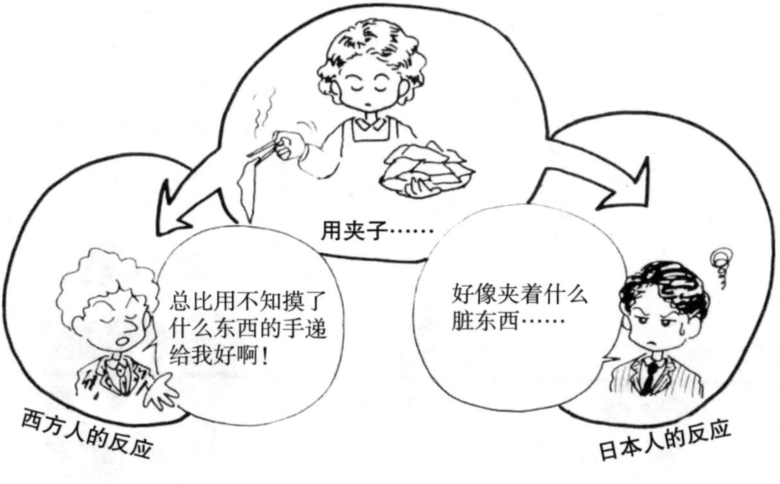

图 3－7　对待相同问题的不同看法

日航出于卫生方面的考虑，在 1989 改变了持续 30 多年的递毛巾方法：将热毛巾卷放在竹子做的浅笼屉上请乘客自己拿。

但是在改变递毛巾方法之初，有好几个顾客将电话打到日航总公司投诉说日航的服务质量下降了。

如果将现在世界上所有航空公司递送和回收毛巾的方法、时机等进行分类的话，至少有 20 种。 芬兰航空是往摆放在蓝色塑料箱里、卷着的一次性毛巾上浇热水，然后用小巧玲珑的镊子在乘客面前展开；新加坡航空商务舱是在叫着乘客的名字发送毛巾；加拿大航空是从伦敦起飞 3 个小时之后发送毛巾；西北航空则不给经济舱乘客提供热毛巾服务。

图 3－8 各种递毛巾的方法

在有无热毛巾服务方面，任何人都可以客观判断出服务质量的好坏。 但涉及毛巾的递法问题时，根据顾客的主观意识和空姐递给客人时的态度和表情（绷着脸递给乘客或者是一边主动用温柔的声音打招呼一边微笑着递给乘客），即使是相同的递法，顾客的感受也会有很大差异。

最近，我在池袋的西武百货商店前的路上看到有趣的一幕。 这是我们平时在街上司空见惯的给过往行人分发纸巾的街头宣传。 有一名身高 180 公分左右的高个子女孩正在给路人分发纸巾，脸上没有任何表情。 虽然她也拼命地想把自己手中的纸巾发到行人手中，可几乎没有人去接。 由于分发状况不佳，所以她就越发变得不耐烦，表情显得也很不愉快。 离她稍远一点的地方也站着一个分发纸巾的女孩，这是一名身高 160 公分左右的小个子女孩。 这个女孩虽然长得不漂亮，但她邻家女孩般的脸上洋溢着笑容，几乎所有路人都接受了她递过来的纸巾。

这个差别到底在哪里呢？ 首先是脸上的表情，其次是纸巾的递法。 由于高个子女孩是从上面递给客人，所以行人会出于本能地拒绝。 矮个子女孩是从下面举着递给客人，所以客人会很高兴地接受。

在这一点上，商店也是一样。 两个在布局和店面上都没什么差别的商店，一个生意兴隆，而另一个却少人问津。 当然这可能会有很多原因，但服务态度的好坏是很大的因素。

图3－9 服务态度的差异

虽然服务态度还谈不上必须要有服务精神的支持，但服务态度是一门需要通过研修、培训、经验积累和本人的钻研精神和努力来掌握的技术（艺术）。

服务业务

第三类是服务业务，或者叫服务功能。这是一种其本身可以作为一项工作来独立完成的服务。卡尔·阿尔布雷希特对这些服务做了如下分类。

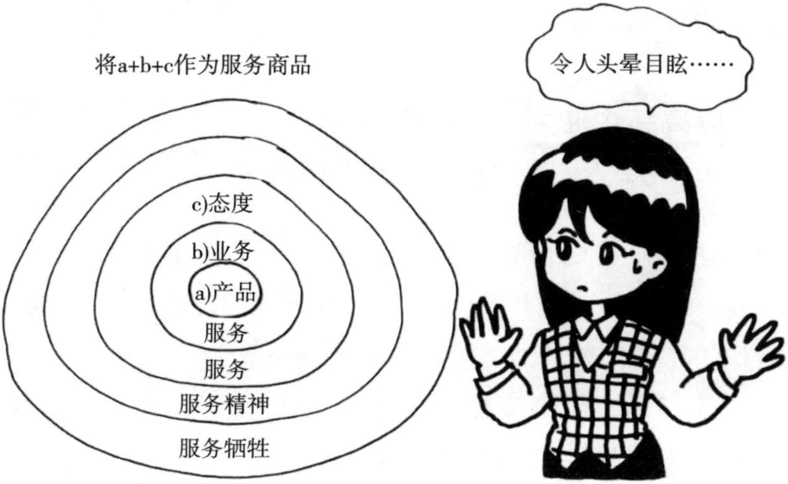

图 3－10　服务商品的构成

不需要特殊培训的面向个人的服务

代做家务和照看孩子的保姆等。

需要特殊培训的面向个人的服务

工匠、店员、批发和零售业经营者、保养和修理服务人员、医疗教育人员、行政服务人员等。

以事务所为对象的服务

法律事务所、会计事务所、金融机构、保险公司、房地产业、广告业、各种代理业从事者。

以一般消费者为对象的服务

航空公司、旅游业、宾馆、饭店、汽车租赁行、娱乐休闲业从业者。

以高新企业为对象的服务

电脑编程人员、市场营销战略顾问、科研人员等。

这种分类是否妥当另当别论，但把服务作为商品的企业数量正在逐年大幅度增加，销售额也正在快速增长。

我们为了得到商品和服务需要支付金钱。但商品和服务在各自特性上有很大区别。

我们支付金钱的产品本身即作为一项工作构成服务业务，而服务态度和服务精神都不能单独成为支付对象。只有把这些东西纳入服务业务中，它们才能转化为价值。

商品和服务有着本质性区别

服务的无形性：商品和服务的不同之处，第一个可以举出的就是“商品是有形的，而服务是无形的”。巧克力可以用眼睛看得见、用手摸得着，可以闻到香味，还可以用舌头品尝，即用我们的五官可以确认它的存在。

例如您乘坐出租车去市政府。您对司机说：“请把我送到市政府。”随后出租车把您送到了目的地。在这期间，您不清楚出租车到底都经过了哪些地方，只知道自己坐着出租车在街上行驶，并不能看见服务的提供过程，您所知道的只是已经到达市政府这样一个结果。

图3－11　服务的无形与商品的有形

服务的同步性：服务和商品不同，它具有生产和消费在同一地点、同时进行的特征。

图3－12　服务的同步性

假设在我们晚饭的餐桌上摆放着金枪鱼生鱼片。虽然我们在这里消费，但此鱼的产地，即捕获的地方，也可能是在地球另一面的大西洋中。也就是说，即使生产和消费分离也能够提供商品。

假设我去海外。我乘坐的是全日空航空公司上午10点起飞到北京的飞机。如果不提前两个小时到达成田机场办理手续、乘坐既定时间的航班的话，就不能从服务提供者全日空那里得到他们提供的“去北京”这一运输服务。

而且服务这种商品，既不能储藏也不能保存。

服务的相互作用性（参与性）：如果接受服务的客人不参与服务的生产过程就无法得到服务。即使提供服务的是ATM机，接受取款服务的储户也必须站在机器前面、按照画面的提示逐步操作，参与这一系列的服务生产过程。

做手术时，接受服务的患者如果不上手术台，医生就无法提供手术服务。教育也是一样。无论提供教育服务的老师怎样卖力，如果学生不预习功课、在课堂上打盹、不到提供服务的教室来的话，教育这种服务就无法成立。另外，如果有些学生在课堂上说话，就会妨碍老师授课，并给认真学习的学生添麻烦。所谓好的服务，如果没有客人的协助是无法提供的。如果商家只为

图 3－13　服务的相互作用性（参与性）

那些给别人添麻烦的客人服务，那么其他客人就会渐渐离开。

我经历过这样一件事情。大阪的 T 宾馆是一家商务型宾馆，我以前经常住在那里。可现在我再也不去那里住了，那是源于三年前的一次经历。有一天早晨我来到大厅，发现大厅的柱子周围堆满了纸箱，还挂着防盗网。箱子里装着电视机、录像机等电器产品，地址栏上写着“台北”。这是由于客人的行李太多、物品寄存处容纳不下，所以宾馆就把大厅当成临时仓库使用了。

还有一件最近在大阪梅田的电气铁路系统宾馆里发生的事情。早晨我来到地下自助餐厅用餐，一进门吓了我一跳，价格太贵了：每人 1 700 日元。而且人们争抢位子，排队排得乱七八糟，餐具的清理也不及时。即便是商务宾馆，也不应如此混乱。就连路边的餐馆都要比这里好得多。

图 3－14 中的场面虽然让人觉得不可思议，但并不是完全不存在的。

图 3－14　不愉快的空中之旅

就在前几天我从洛杉矶返回时，与某国的一个旅游团同乘坐一架西北航空的飞机。整个晚上他们都吵吵闹闹的，弄得我无法入睡，真是一次很不愉快的空中之旅。作为乘客，尽管支付相同的费用，在同一家航空公司的设施里既会度过非常愉快的时光，也会留下不愉快的回忆。

滑雪滑得怎么样？
别提了，糟透了
之前看JR的宣传画，张张都是晴好天气。
JR SKISKI
JR SKI
于是我幻想在蓝天下的雪地上优美地划下滑雪板的痕迹，可是……
呼
怎么了？
连续三天的暴风雪啊！
我再也不想去了！

顾客之家
欢迎光临。
您还去『顾客之家』喝酒吗？
不，再也不去了。
以前您好像每天都去，为什么现在不去了？
老板娘一换人，店里的氛围也跟着变了。而且服务也大不如前了。
欢迎光临……

这与下面将要讲述的服务质量的不均衡性相关联，但它与服务的非储藏性、繁忙期和闲散期的供求调整等刚性性质交织在一起，就成为了增加顾客不满的主要因素。 作为服务的提供者，如何超越这个宿命，是获取顾客满意不可缺少的课题。

质量的不均衡性：服务会因提供服务的状况、提供服务的人的能力和技术等相关因素而导致在服务质量上出现偏差。 无论制作怎样的指导手册，服务也很难像商品那样保持质量的均衡性。

如果是商品，只要预先在电脑上装入程序，就能够接连不断地生产出统一规格的产品来。 但服务就做不到这样。 请您在黄金周时出门去看看，旅馆既拥挤又昂贵，服务业偷工减料。 而如果是在黄金周结束后去，我们会得到性价比很高的服务。

第四章
两个 CS

“顾客满意”和“顾客服务”是怎样的关系

让我们在这里谈一谈顾客满意和顾客服务之间的关系吧。从某种意义上来说，“顾客满意”和“顾客服务”是一回事。并且“Customer Satisfaction”和“Customer Service”的英文缩写都是 CS。

正如本书前几章所论述的，“顾客满意”是顾客对服务质量好坏做出的判断，企业方不能对此进行判断和指示。

企业应该想方设法地收集如何做才能使顾客满意的信息，然后按照这个方向研究为顾客提供服务的方法，并全力执行。这就是“顾客服务”。

图 4－1 “顾客满意”与“顾客服务”的关系

所以，如果企业追求“顾客满意”，那就必须站在顾客的立场为顾客提供服务。

从这个意义上来说，把“顾客满意”和“顾客服务”认为是相同的事物也未尝不可。也就是说，今后企业的目的在于如何通过对“顾客满意”的追求而产生利润。而实现这个目的所需要的手段，就是提供完美的“顾客服务”。

日本只是宣传“顾客满意”这个抽象的词，报纸上并没有刊登企业为了扩大“顾客满意”而应该具体做哪些“顾客服务”的工作。而美国与日本正相反，“顾客服务”被全面推进，但以“顾客满意”为书名的书籍仅有寥寥几本。 这就是所谓的“丢掉了 CS 就没有 CS”。

“顾客”指的是谁呢?

首先，“顾客”指的是谁呢? “顾客”是从您那里得到您所提供的商品和服务的人。 通常，“顾客”会让我们联想到付钱买我们商品的人，但在企业当中，采购商品的办事员和实际使用该商品的人是不同的。 使用商品的人才是顾客。

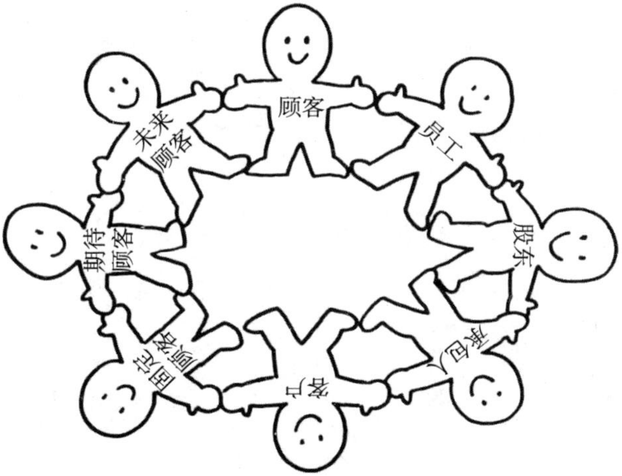

图 4－2　“顾客”指的是谁呢?

消费者当然也是顾客。 不同之处是消费者不对这个产品进行加工或者给产品增加附加值以进行销售，只是自己使用而已。 当然在“顾客”的概念之中，除了包含采购该商品和服务的使用者之外，也包括今后有可能购买和使用该商品和服务的客人。 另外，和自己有交易关系的客户、承包人、股东及员工这些人都是顾客。

最近在企业中开始使用“公司内顾客”这个词，指的是公司内的员工。 从秘书的角度来看，老板是顾客；从老板的角度来看，秘书是顾客。 有关这方面内容将在本书后面的章节中详细论述。

扩展“顾客服务”范围

在企业和组织中，服务的范围正在逐渐扩展。

○受理顾客的投诉电话和信件、并予以答复的消费者服务窗口。

○在第一线直接帮助顾客的服务人员。

○迅速赶到故障现场、为顾客进行修理的服务工程师。

○面带笑容、麻利地为我们端来饭菜的餐厅女服务员。

○不让患者等待、热情周到地接待患者的医院门诊部门。

○热情为纳税人提出必要建议的税务所负责咨询人员。

○记账无错误、不让顾客久等的银行服务窗口。

图 4－3　不断扩展的服务范围

○为经销商快速提供新车和零配件的汽车制造厂家。

○为企业提供有效解决实际工作问题程序的培训机构。

○认真为学生们授课的大学教授。

○快捷、高效、周到的电话转接台。

○按日程如期完成施工的住宅建设公司。

○在期限内交付顾客所需产品的生产厂家。

○无论发生什么情况也会在约定时间内将货物送达目的地的快递公司。

○拥有丰富的商品知识、热情地向顾客提供建议的店员和销售员。

○给烦恼中的人送去温暖和安慰的牧师及僧人。

企业客服部的工作

受理顾客投诉和咨询（订货状况、库存、使用方法等）

接单业务

订单的跟踪管理

协调退货、退款

修理等售后服务

顾客信息的管理

图 4－4　企业客服部的工作

○热情照料卧床不起的老人的志愿者们。

环视我们的周围，到处都是为顾客服务的行为。

根据在美国进行的一项调查，企业客服部的工作具体内容主要是集中在图 4－4 所示的工作上。

我认为，在“顾客服务”中也应包括由电话营销产生的接单和发货，而这在日本简直是无法想象的事情。

给“顾客服务”下个定义吧

“所谓‘顾客服务’，是指为了让顾客认识到商品和服务潜在核心价值的所有特征、行为和信息。”这是威廉·德比道和布劳·乌塔尔在他们的著作《顾客服务总论》一书中下的定义。

图 4－5　顾客服务

我对“顾客服务”做了如下定义。

“为了最大限度地提高顾客满意度，企业或组织集结整个部门的所有力量，为满足顾客需求和响应顾客期待所进行的一切工作。”

决定“顾客满意”的不是企业，而是顾客本身。企业要用顾客的逻辑去分析顾客的需求，并据此尽全力去执行顾客服务程序。我特别想强调的是：为了实现顾客满意，必须举全公司之力，不折不扣地执行顾客服务系统和程序。

第五章
研究“Quality”

“Quality”不等于“品质”

“Quality”和“品质”的含义并不一样。在“品质”这个词中，不包含英语的“Quality”概念。也就是说，“Quality”不等于“品质”。

日语的“品质”一词是客观性的，不带有价值判断。但英语的“Quality”一词中，包含着诸如“优秀”、“高级”之类的价值判断。

我想大家都知道“Quality”有个形似词“Qualify”。“Qualify”的名词形是“Qualification”，在日语中被翻译成“资格”。

比如说您为了取得汽车驾照去驾校学习，在驾校里

图 5－1　“Quality” 并不等于 “品质”

要听指定的学科课程，练习要达到所规定的时间要求。之后，如果通过了笔试和路考，就会被授予驾驶汽车的“资格”，即得到驾照。无论茶道还是花道，为了取得相应的资格都需要掌握规定的科目，而且考试必须合格。

大学也是一样。我举一个某大学的例子。专业教育科目的必修科目最低要取得 42 学分，选修科目要在 50 学分以上，但加在一起如果没有达到 140 学分，也不能毕业。选修科目即使取得了 60 学分的高分，如果必修科目只有 40 学分的话，也不能毕业。如果从大学一年级起就没有充分理解学分的获取方法，那么四年后就无法毕业，还得靠父母多养活一年。我的班里就有几个学生尽管好不容易找到了工作，可由于没有取得必修科目的所需学分，大四时没能毕业。

图5-2　资格的含义

“Quality”的含义

“Quality”这个词是“满足某规定标准”的意思。比如练车时的倒车或定点停车，满足了驾车所需要的这些标准，才会被授予驾驶资格。所以说，“Quality”的概念是“满足”或者“充足”。

20世纪60年代后期，在美国，特别是以加利福尼亚为中心的地区，出现了汽车排放尾气等氮氧化物造成的大气污染问题。因此政府制定了规定汽车尾气排放标准的马斯基法，为了符合这个严格的标准，各汽车制造厂家都付出了很多努力和心血。由于日本汽车制造厂家甩开了世界三大汽车巨头、迅速达到了该标准，所以日本汽车的“Quality”（此后均译作“质量”——译者注）受到了很高评价。这正是当今日本汽车能够在美国市场占有30%份额的契机。

图5-3　满足规定标准

由于现在的制造业都是电脑操控，所以没什么精确度方面的问题。但是在手工操作的时代，螺栓和螺母等是工人用车床加工出来的。在铁板上开孔时，如果想开一个直径为11毫米的孔，那么开成11.5毫米或12毫米都不行，必须精确地开成11毫米的孔。满足11毫米的标准就是质量。而日语的“品质”一词中缺乏此概念。

服务经济型社会的标准是什么?

服务经济型社会的标准是什么呢？ 它既不是企业生产率，也不是企业收益率，而是“顾客满意”。 所有企业提供商品和服务的标准都必须是达到“顾客期待和顾客满意”。 这就是“质量”。 因此，在今后的服务经济型社会之中，标准并不是生产率和效率，而是“质量”。

所谓“质量”，就是“要达到顾客满意”。 从这个意义上来说，“质量”等于“顾客满意（CS）”。

迈克尔·罗布森已经在其所著的《优秀经营建议》一书中指出了这一点。

这样想来，一切事物的中心都是“质量”。它相当于创造、支配万物的上帝。即“质量先行”。“质量”当中，如眼睛看不见的圣灵般在世界上飘荡着的就是所以“服务”，如基督取得人形一样有形化的就是“商品”。这就是“质量的三位一体论”。

庆应大学的井关利明教授发表了“世界上不存在所谓的‘商品’，存在的只有服务，商品是服务所凝结而成的东西”的言论，他的观点和我完全一致。 我感觉在日本真正理解“顾客满意”的学者除了井关利明先生以外别无他人。

图 5－4　质量的三位一体论

我想，至此各位应该已经弄清了顾客满意、服务和质量之间的关系。顾客满意和质量是同一个东西，而服务是质量的化身。

反言之，不能让顾客满意的服务就不是真正的服务，甚至可以说是冒牌的服务。我们遭遇的几乎所有的服务都是冒牌服务或虚有其表的服务，可以说我们能遇到真正服务的机会是少之又少。

第六章

作为营销战略的 CS

聚集在“顾客满意”上的关心

1989 年 3 月，我参加了在美国洛杉矶市郊玛丽娜·德尔雷召开的 SOCAP（社会资本市场）研讨会。那次研讨会的主题正是“顾客满意”。

SOCAP 是作为贯穿整个产业的负责企业消费者问题的组织，于 1973 年成立。在成立之初，SOCAP 就把“应对消费者投诉”作为中心课题。1992 年 SOCAP 在全美有 23 个支部，而且在加拿大、英国、意大利、澳大利亚等国家也有支部。日本的消费者相关专家会议（ACAP）也是受此影响成立的。

但是，该组织从 20 世纪 80 年代初开始加强了营销战略意向，并开始把“消费者”这一概念转变成了“顾客”。

而且每年在全美各地举办 3 ~ 4 次的研讨会的主题，也由原来的“顾客服务”变成了“应对顾客所带来的利润”。

当时，“顾客满意”在美国已经成为一种时尚。就连西海岸很有影响力的报纸《洛杉矶时报》也登载了“顾客服务”的讽刺漫画；宾馆、饭店里的客服问卷调查也开始盛行；在书店的商务图书角上，也摆放着很多顾客满意和顾客服务方面的书籍。

图 6－1 “顾客满意”在美国的盛行

营销战略的僵局和 CS

欧美开始关注“顾客满意”是在 1981 年。这一年就是 CS 元年。通用汽车公司成立了核心小组，通用电气公司创建了通用咨询服务中心。在欧洲，斯堪的纳维亚航空公司的扬·卡尔森根据“顾客满意”的理念重建了公司……至 1985 年左右，“顾客满意”已经引起了全球企业的广泛关注。

为什么 CS 会变得如此这么热门呢？先从其背景谈起吧。

最容易理解的解释是“营销战略的僵局”。这个问题在前面的章节中已经稍有触及。在通过研发新产品给

图6－2 CS 元年

消费者提供便捷的时代，依靠所谓的“生产主导”使产品畅销。由于日本在战争中失去了一切，所以从 1945 年到 1960 年之间，只要企业生产出来，即便老百姓没有购买力，商品也会很快销售一空。可是日本从 1960 左右开始进入经济高速成长期，市面上的产品变得非常丰富。电视机、洗衣机、电冰箱成了家庭的“三大件”。以日立、东芝、松下、三菱、索尼等为首的各家电公司之间展开了激烈的竞争。

这样一来，原本商品只要生产出来就会自然销售一空的情况就不复存在了。大量生产某类产品，价格就会下降。1955 年前后，为了买一台黑白电视机，就得花上 3 个月的工资。可现在一台电视机，即便是彩色电视机，刚入职的年轻员工也只需花工资的四分之一就可以买到。大量生产就必须大量销售。为此需要多种流通渠道和产品宣传。而实现该目的的工具是自 1953 年起

图 6－3　各家电公司间的激烈竞争

在日本被允许播放的私营电视台。电视台直播的 1959 年天皇结婚仪式和 1964 年的东京奥运会，使电视机迅速地普及了。

在流通方面，以大荣为首的连锁超市和大型量贩店的出现，给日本带来了流通领域的革命。以东名（东京至名古屋）和名神（名古屋至神户）高速公路的建设为开端，高速公路网贯穿日本，以卡车运输为主的物流业得到了飞跃性发展。

当企业之间的竞争达到如此激烈时，如何销售产品就成了备受关注的事情。1956 年日本引进了由美国研发的营销概念和手法，并由“生产主导”时代过渡到了

图 6－4　消费者购买力的今昔对比

“销售主导”、“营销主导”时代（现在是“顾客主导”时代）。

但是，从 1970 年开始，经济高速增长所带来的不良后果开始显现出来。例如因汽车尾气排放产生的光化学烟雾、工厂排出的废水和洗涤剂等生活废水造成的河流、湖泊污染等公害问题引发了消费者运动。此外还有食品安全问题和双重价格问题等等。可以说，1970 年是日本消费者主权元年。

在此期间，日本成了世界第二经济大国。与以欧美为首的各国之间的贸易摩擦问题、环境问题、资源问题变得愈加严重了。

另一方面，日本国民的生活也相应地变得富足了。

图 6－5　经济高速增长导致的公害问题

已经无法期待再出现曾经的那种电视机销售的火爆现象了。

营销的诀窍

如何研发和制造消费者所需的产品、并通过宣传使其在市场上畅销呢？ 1956 年日本生产性本部视察团从美国带回了营销概念和手法。 此后，日本企业在营销上倾注了非常大的精力。

营销的诀窍在于如何让消费者意识到您所研发生产的产品正是自己所缺乏的（我们把这个称为“需求”），并由此产生想得到的欲望而购买。 方法就是采用市场细分化和商品差别化战略。

市场细分化战略

市场细分化是指细分市场，即细分产品的使用层次。

例如，纸尿布厂家以往生产的婴儿纸尿布只有一种。 但现在分为男婴用和女婴用纸尿布，而且还有白天用和晚间用纸尿布。 此外还面向老龄化社会生产的老人用纸尿布，甚至还专门为卧床不起的老人生产了适合的纸尿布。 这就是市场细分化战略。

图6－6　市场细分化战略（纸尿布的细分化）

商品差别化战略

商品差别化战略就是推出一种与其他竞争公司不同的产品，以此来保持自身市场优势的战略。 例如，推出在功能或品质等方面与竞争公司不同的产品。 当其他公司推出各式无绳电话时，您可以增加防监听的加密功能。 这也是差别化。 尽管其他公司很快也都增加了这一功能。

图 6 －7　商品差别化战略

价格也是实现差别化的一把利器。 但从现状来看，无论是哪里的产品，都几乎不存在价格差了。

如果您不能在功能和价格方面实现差别化，那就在广告宣传上试试吧。 但即使是电视广告，往往您不看到最后，就不知道是汽油广告、住宅广告还是眼镜广告。所以在广告上实现差别化也很困难。

那么接下来的手段就是开展促销活动。 例如举行各种各样的集会、网球和高尔夫球等比赛，并把活动开展得有声有色。 再就是在 F1 等赛车比赛上做广告等等。由于各家公司常年都在实行这些活动，大家都差不多，所以也很难实现差别化。

还有一招是改变企业形象。 通过改变企业的标识或者名称等来塑造一个全新的形象。 如札幌啤酒把原来的星形标识改成了让人一看就能联想到宇宙轨道的椭圆形标识；“保谷玻璃”把公司名改成了用罗马字书写的“HOYA”等。 各家公司都在改变企业形象方面进行着努力。

不过也不能说企业的形象改变战略仅仅是为了实现差别化。 如果不全面赋予企业现代而独树一帜的全新形象，就连招聘员工都会出现困难。

因大胆提倡迎接服务型社会、进行经营革命而受到世界关注的美国经营顾问汤姆·彼得斯在 1982 年他撰写的名著《追求卓越》一书时，把“接近顾客”作为优秀

图 6－8　札幌啤酒标识的改变

企业的共同法则。之后他在 1987 年写的《乱中求胜》一书中，提出了更加具体的战略。为了执行这一经营战略，彼得斯从综合性视角出发，以致力于应对顾客为前提，开出了十项处方作为其具体方法。

处方①：专门开创利基市场，使产品实现差别化。
处方②：提供顾客认可的最高质量。
处方③：提供最好的服务，重视无形的东西。
处方④：掌握应对特别敏感的顾客的方法。
处方⑤：以国际化为志向。
处方⑥：创造本企业独特的东西。
处方⑦：坚持倾听顾客的心声。
处方⑧：把生产部门当做营销战略的武器。

处方⑨：把销售和客服人员当做英雄。

处方⑩：积极进行顾客革命。

综上所述，如何实施可行性计划是关键所在。

第七章
关键时刻

所谓“关键时刻”

20 世纪 70 年代末期至 80 年代初期，北欧以“服务管理”之名对顾客满意开始了新的研究。这是源自一位名叫理查德·诺曼的瑞典营销战略学者提出的“关键时刻”概念。

因重建亏损严重的斯堪的纳维亚航空公司（SAS）而就任社长的年轻经营者扬·卡尔森将这一概念引进公司并作为企业的经营理念。而且卡尔森仅仅用了一年时间，就将斯堪的纳维亚航空公司从年亏损 800 万美元的赤字公司变成了年销售额 20 亿美元、年利润 7 100 万美元的盈利公司。

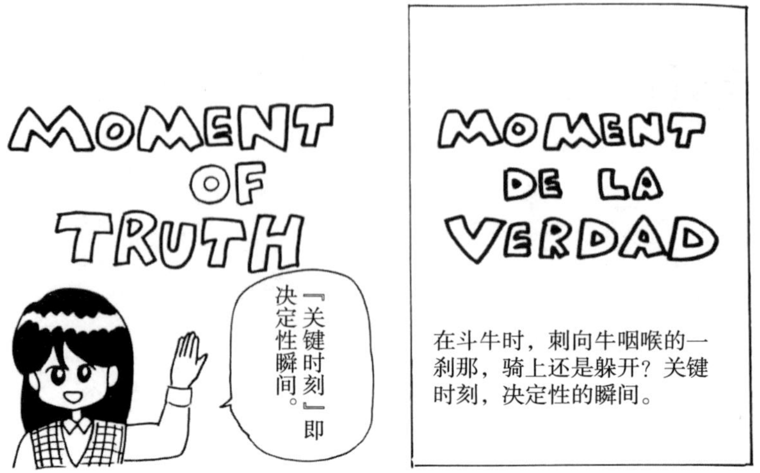

图 7－1 “关键时刻”的由来

卡尔森改革了以往企业组织中那种自上而下命令和权限集中的模式，将顾客利益放在第一位，他大胆放权给一线员工，使一线员工能够最大限度地为顾客服务。作为经营者，他在指出明确目标的同时充分发挥了他的领导作用，从而成功地重建了公司。

所谓的“关键时刻（Moment of Truth）”是什么呢？有的人把它翻译成“真实的瞬间”，但在日语词典中找不到这样的词。在研究社出版的《大英日词典》中，将它解释为“进退维谷的关键时刻、决定性瞬间”。

这个词原本是从西班牙语引进到英语里的，意思是“斗牛士给牛致命一刺的瞬间”。将这一词汇引入到服务管理领域的，就是理查德·诺曼。

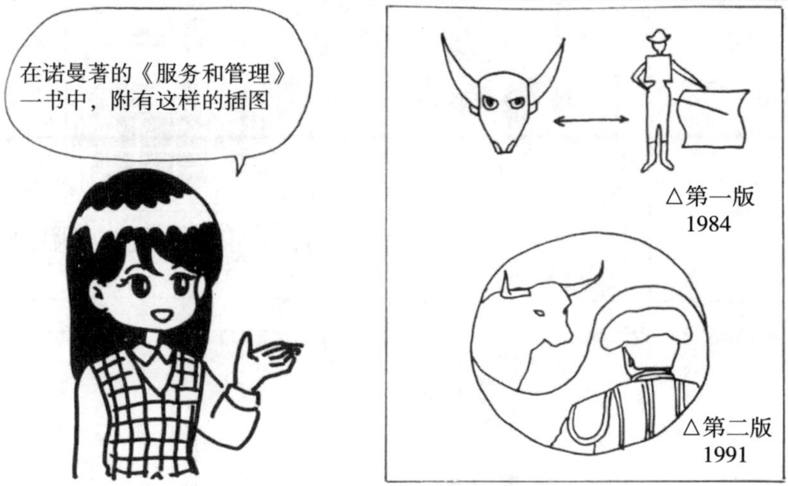

图7－2　诺曼著作中的插图

在日本，人们认为这个概念是卡尔森的独创。原因是阿尔布雷西特并没有在他的著作《服务管理革命》一书中提到诺曼的成就。

按照SAS卡尔森社长的定义：

“所谓顾客，就是无论距离我们公司有多远，都对我们公司具有一些印象的人。如何管理我们在顾客心中的印象关系到公司的经营。”

他还说道：“SAS每天都在经历着5万次以上的决定性瞬间。”

决定性瞬间
OPRYLAND HOTEL
咯吱
对不起，我马上叫人打扫
可是……
已经过了10分钟了，给我换房间？您不是说打扫房间吗？
又过了10分钟……
到底怎么样了？您是从东京往这儿派女清洁工吗？为什么这么慢啊？
又过了一段时间……
嘀嗒嘀嗒……
吧嗒吧嗒
对不起啊！这不怨我啊！是检查房间的家伙偷懒了。
バターン
OPRYLAND HOTEL
这是你们内部的问题吧！
怒上心头……

关键时刻的
环形概念图

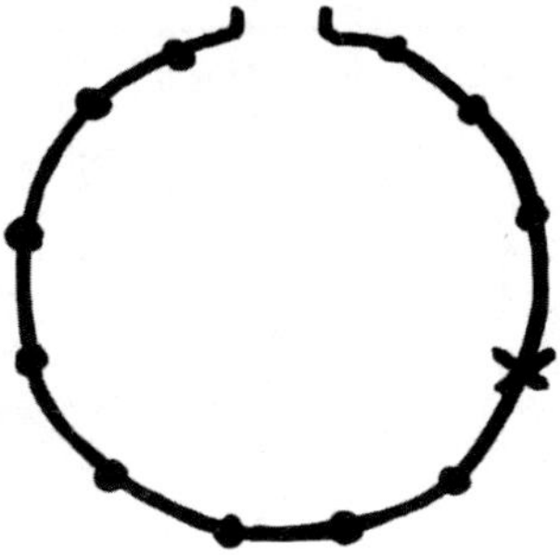

◎ 我给宾馆打预约电话
◎ 总机将我的电话转到宾馆前台
◎ 预约成功
◎ 我当天乘车前往宾馆
◎ 男服务员出来迎接、帮我卸下行李
◎ 我将车钥匙交给男服务员
◎ 我在前台办理入住手续
◎ 然后乘电梯
◎ 男服务员打开房间的门
◎ 把我领进打扫过的、设施完善的房间

↓
↓
↓

◎ 我办理退房手续/叫来男服务员
◎ 拜托男服务员帮我把行李拿下来
◎ 我将房间钥匙交还给收银员、支付账单
◎ 索取发票并确认
◎ 我从宾馆正门出来，拜托服务员将我的车开过来
◎ 将行李装上后上车
◎ 出发

图7－3　关键时刻的环形概念图

“决定性瞬间”实例

美国田纳西州的纳什维尔被称作“美国的音乐都市”。据说70%的美国唱片都是在这个西部乡村的中心地生产出来的。位于纳什维尔郊外的主题公园“奥普里兰”里，挤满了来自美国各地的游客。

位于公园旁边的奥普里兰宾馆是一家非常好的宾馆。仅其宽敞程度就令人瞠目，以整个圆屋顶覆盖的植物园为中庭，四周是六层楼的客房。这里最高档的房间住一晚需要2 500美元，便宜的房间也得125美元。

这个宾馆无论设施还是布局都很讲究，是一家相当不错的宾馆。 如果您去田纳西州，我向您推荐这家宾馆。 即使不住在那里，您只要看到那些伴随着竖琴悠扬旋律而翩翩起舞的五彩喷泉，您也会感觉去一趟值了。但与此同时，也请您要做好精神准备，您肯定会听到类似第 82 页我曾经历的故事。

坏印象会永远留下来

如果有好几家公司的自动售货机摆在一起，也许大多数人不会在意自己的选择，但我绝不会购买百佳公司（pokka）的产品。 那是因为这家公司在 1967 年发生了将合成柠檬汁冒充天然果汁销售的“百佳柠檬事件”，1973 年，公正贸易委员会以此为契机规定了无果汁饮料的标注标准。 虽然事件已经过去了几十年，但时至今日仍在影响着我们。 当我和知道此事件的人谈起这件事时，好几个人都说：“我也和你一样不买百佳的产品”。 这就是“关键时刻”。

在郊外，我会选择在乐豪（Royal Host）就餐。 菜单和店里的氛围另当别论，主要是由于有一次我在该餐厅户田分店用餐时，一位女服务员的待客态度给我留下了温暖愉快的记忆。 直到现在我依然还记得她的名字。

图 7－4　坏印象会永远留下来

现场决定的“决定性瞬间”

在每位员工和顾客接触时，顾客都会对这名员工的言辞、服装和举止等所表现出来的态度、热情度、亲切度、服务水平及专业性知识等产生某些印象。如果每一样都能令顾客满意，那么顾客对整个企业就会有一个好印象。但如果什么都好、只有一个地方使顾客印象不好的话，就会使顾客以往拥有的好印象一下子烟消云散，从此对整个公司产生不好的印象。

代表公司的不是总经理。那些与顾客直接接触的销售人员、客服人员、电话员、总机接线员等员工才是公司的代表。

因此，有很多美国企业把销售人员叫做“销售代表”，把负责接待投诉的人员叫做“客户代表”。

斗牛的比喻和“决定性瞬间”

可是，对理查德·诺曼提倡的“关键时刻”这一概念，也有着令人费解的地方。即诺曼在说明这个决定性瞬间时，为什么采用斗牛的比喻。他把企业比作斗牛士，把顾客比作牛。

企业和顾客的关系，不是斗牛士刺向牛的要害部位的关系。仅有少数人在现场看过真正的斗牛，即使在影视剧中看过斗牛的人，也无法体会那种令人窒息的紧张状态。

我认为用电火花来比喻更为恰当一些。我们把企业比作正电、顾客比作负电吧。代表企业的服务提供者在和顾客接触的瞬间，正电和负电迸发出火花。这个迸发火花的瞬间，就是“关键时刻”，就是“决定性瞬间”。

在用电火花作比喻时，顾客和服务提供者的处境都是相同的，哪一方都没有优势。服务提供者在接待顾客时，也肯定会对顾客留下某些印象。另外，用电火花作比喻，有利于说明连续发生的“决定性瞬间”周期。只不过电所具有的“非人性”方面是我们理解的难点。

这种珍视人和人相遇的“决定性瞬间”思想，也是从室町时代早期茶道中的“一期一会”（意为一生只相遇一次，是表达日本茶道精神的用语之一。——译者注）这个词衍生而来的。

图7－5 迎头撞上的决定性瞬间

因此，我认为即使我们不使用“关键时刻”等舶来说法，把珍视“一期一会”作为顾客服务的要点也可以。这个词的缺点就是稍稍缺乏动态性。

为了达到顾客满意，必须站在顾客立场上提供服务。

所以无论何事，你愿意人们怎样对待你，你也要怎样对待人们（摘自新约圣经马太福音第七章第十二节）。

这是基督说的话。

即使在东方，中国的孔子也说过与此类似的话：

己所不欲，勿施于人。

意思是“自己不愿意做的事，不要强加给别人”。

圣经的话是积极主动的，与之相比较，孔子的教导则是被动的。因为服务“是有益的行为、是对他人实施帮助和对他人有益的行为”，所以从这一角度来看，我认为还是基督的话比较恰当。

在400年前的三井殊法时代，或者说在购物可以去自家附近的蔬菜店和鱼店的时代里，卖家用这种质朴的观念做成了生意。但像今天这样，当企业规模变大、组织变得复杂时，提供让所有顾客都满意的服务就变得困难了。于是服务管理对于现代企业经营者来说是一个重要课题。虽然把顾客满意放在首位的思想起源于日本，但在近代经营之中，作为实现顾客满意体系的服务管理却是诞生在北欧。

如果仅仅是强制现场员工执行顾客至上主义，而企业整体风气和经营方针并没有真正得到变革的话，那迟早是要被聪明的消费者看穿的。

第八章

颠倒的金字塔

服务经济型社会的企业组织

如何在纷繁复杂的现代企业中实现“顾客满意”呢？ 在这一点上，基于北欧的“顾客满意”概念研发出来的“倒金字塔”观点应运而生了。

正如本书前几章中叙述的那样，以往的公司组织把经营者作为金字塔的顶点，下面依次是管理人员、办事员，最底层是一线员工。 这种用命令和管理来运作的组织结构在提高工作效率和生产率方面是很有优势的。

但在服务经济型社会的今天，这种曾在工业经济型社会中行之有效的组织结构变得不再适用。 也就是说，在制造产品和提供服务方面，即使是在同一个现场，其工作内容和方法和过去也是完全不同的。 但几乎所有的经营者都没有意识到这一点。

图 8－1　传统的金字塔型组织结构

当今日本大多数企业的 CS 部长们之所以慨叹公司内部对自己的工作不予以协助，是因为他们完全没有考虑到这个基本问题。

以卡尔·阿尔布雷希特为首的经营顾问们意识到了这个问题，倡导建立适应服务经济型社会的新型经营理念和组织。

这个革新性观点从根本上推翻了美国以往的企业经营模式。 也就是说，要把以往的观念翻转 180 度。 这就相当于将日心说转换成地心说。

首先，将以往把经营者放在顶点的金字塔组织翻转

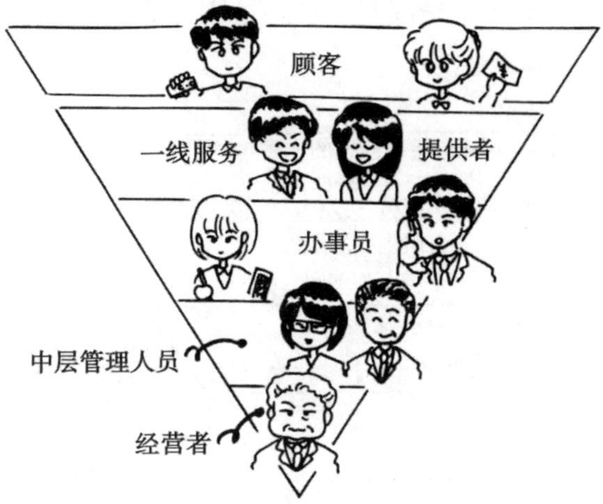

图8－2 新型“倒金字塔”组织结构

过来，并把“顾客”放在最上面。顾客下面是一线的服务提供者。如果是制造厂家，指的是销售人员、服务人员、前台接待人员、电话总机接听人员；如果是银行或者旅游公司，指的是前台工作人员等；如果是百货商店、超市、小卖店，指的是售货员；如果是宾馆和饭店，指的则是服务员等。总之，一线服务提供者就是那些每天直接为顾客提供服务，直接或间接为公司赚取利润的人们，即“公司内顾客”。

接下来是办事员，英语叫做 back office people。是指那些支持一线员工工作的人们。包括那些从事财务、总务、福利、采购、配送、宣传、培训等工作的人。当然，在这些职业种类中，有的人也有和顾客直接接触的机会。企划、营销和法务也属于此范围。此外，制造厂家的研究部门、产品研发部门和生产部门也应该在这里定位吧。

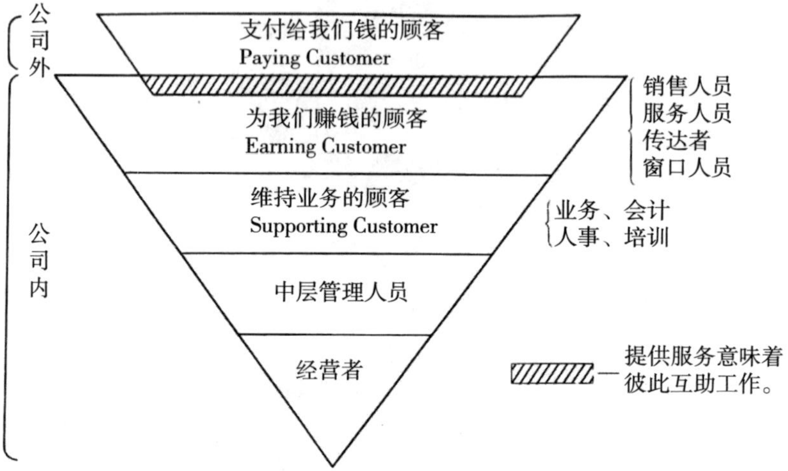

图8-3 公司内、外的顾客

办事员的下面是中层管理人员。在欧美，中层管理人员的工作曾经是把高层的想法和决策转换成规则之类的工作手册并据此管理和监督部下，并没有真正履行被赋予的责任。因此，员工在暗地里不称呼他们为“管理者”，而蔑称为“报信者”。

位于最下面的是经营者。好像很少有日本企业将董事长和总经理的职权范围划分明确。似乎公司外部事务由董事长负责，而内部的全盘经营则由总经理负责。而欧美企业则对这两个职务分工非常明确。由于董事长是董事会的主席，所以被称为 Chairman，是企业决策机关——董事会的责任者。 而总经理是把这个决策付诸实施的执行者。

经营者任务的变化

图 8－4　无法监督的服务人员

如今，经营者的任务已经不再是通过监督和管理员工来提高企业生产率和追求利润了，而是通过提供高质量服务实现顾客满意从而提高利润，为服务提供者创造一个能够充分施展他们才能的环境，同时也发挥自己的领导能力。 工厂可以通过监控画面来监视车间员工工作，但却无法监督服务人员正在提供服务时的那一瞬间。

即使通过诸如让服务人员每隔一小时打一次电话汇报情况或让其携带手机来强化对其的监视和监督，也不会提高管理效果。因此，为了管理好在现场提供服务的人员，需要研发出与生产车间完全不同的管理方法。

公司内顾客就是本公司员工

最近，“公司内顾客”这种概念已经在美国普及开了。但这对一提起“顾客”就始终拘泥于顾客是“外人”概念的日本社会来说是很难理解的。特别是对历史悠久的终身雇佣制企业来说简直是一种另类思维方式。

所谓“公司内顾客”，是指掌握公司内部业务成果的人。假设您是公司内顾客，如果您把自己的成果交给其他人，那么您对那个人来说就成了顾客。在公司内与您在工作上有各种各样关系的人都是您的顾客。对会计来说，递交差旅费报销单的销售人员就是顾客；对秘书来说，老板是顾客；对老板来说，秘书是顾客。

也就是说，在公司内互相依存的同事之间，彼此提供各种服务、对他人有用的行为。

为了让外部付给我们钱的顾客满意，公司内顾客必须首先对自己提供服务的工作满意。这是撰写《优秀经营建议》的作者迈克尔·罗布森的观点。

每位员工都分别是一个独立的经营者，通过上级赋

图8-5　公司内顾客

予自己的工作为其他员工提供服务，也就是给正需要您服务的人提供服务。通过您提供的服务使这个人得到其所需的东西，令他满意。而您通过提供这个服务获得了工资。服务的提供无论是对公司内顾客还是对公司外顾客都应该是一样的。

从经营者的角度考虑，应该给作为公司内顾客的员工创造一个使其在工作上能够得到满足感的环境。工资自不待言，还有工作的分配、公平的人事待遇等。如果公司内顾客在这些方面得不到满足，又怎么能指望他们给公司外顾客提供令人满意的高质量服务呢？

用颠倒的金字塔来比喻经营理念

我想今后的公司大概会成为类似棒球队的组织结构吧。或者可以说是类似拍摄电影或制作电视节目的团队吧。

对于演员提供的演技，顾客有时会哭、有时会笑，而且还要花钱买。而支持演员演出的后台工作人员，可以说是二元服务的提供者，他们为演员提供服务。导演则是发挥演员所具有素质和能力的指导者，而不是管理者。

图 8-6 公司组织类似于影视剧拍摄团队

在棒球比赛中，有 9 名运动员上场比赛。有投球手、接球手，或者是内场手、外场手。 这些运动员的职责和任务各不相同，彼此之间并不存在上下级关系。 球员之间互相协助，进行协同作战。 他们分别都是其他球员的“公司内顾客”。

赛场外是淹没了看台的数万名观众。 这些顾客为了看两支球队之间的激烈比赛而花钱买票。 所以，如果比赛无聊或是连续的失误会招来一片骂声。

这些正在球场上比赛的运动员们就是服务提供者。

但是，棒球比赛并不仅仅是由两支球队、共计 18 名运动员组成的。 当然还有在球员席上的预备球员及类似于记分员角色的人。

图 8－7　公司组织类似于棒球队

球队的领队是经营者。如何分配球队力量才能在漫长的锦标赛上赢得最后的胜利呢？有时还可能会出现球员受伤，或者满心指望发挥好成绩的投球手却突然生病等突发情况。

让我们研究一下棒球比赛吧。某支球队根据预测对手球队先上场的投球手安排自己球队的首发球员。每当对方投球手投球时，由于领队无法直接指挥运动员用哪套球路打球或者放过哪些球不打等情况，只能把权限转让给击球手，让击球手自己做出判断。教练就相当于企业的中层管理人员，他们只能是发送暗号而已，而比赛本身只能依靠运动员自身的判断和发挥，别无他法。

棒球比赛不仅仅是由两支职业棒球队构成的，还有裁判及其他球场相关人员，比如场地修整人员、播音员和售票处人员、向导及众多在背后工作的服务人员。这正如企业的构成也不只是这个企业本身一样，如果没有外协厂家和物流公司的服务，工作将无法进行。

为了赢得比赛，需要录用有资质的运动员。而作为职业运动员还要通过不间断的练习来提高技术和能力。在企业中，这应该叫做培训吧。与此同时，还需要和经营者建立彼此信任的关系。把权限转交给一线运动员，强化球队的协作能力和团队精神，提高经营者的领导和保障能力，建立和替补球队的良好协同关系等因素都是非常重要的。

比棒球的例子更容易理解的是足球。那是因为前锋（FW）、中场球员（MF）、防守（DF）、守门员（GK）的职责更易于说明。与棒球相比，足球对速度的要求更高，要求各防守位置的运动员在刹那间做出准确判断。身为经营者的领队或教练如果只相信自己一个人的能力，比赛是不能获胜的。另外，我认为将足球的例子用在说明和顾客的关系及“关键时刻”上也令人更加容易理解。

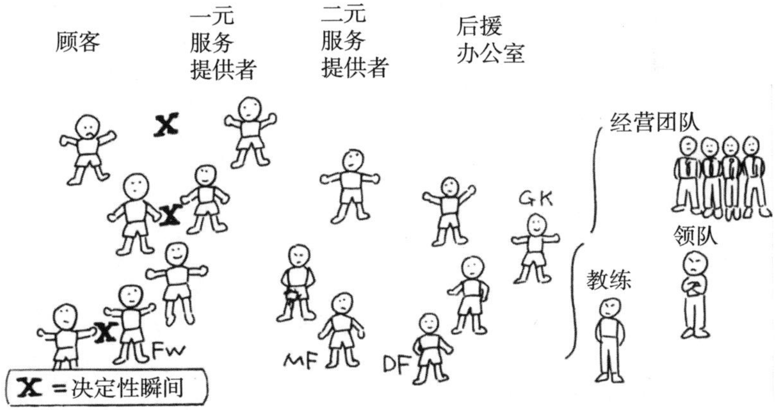

图8－8　公司组织类似于足球队

第九章

由不满产生利润的古德曼定律

由"消费者投诉处理"调查所产生的

美国有协助现任总统工作的总统助手制度，有多名涉及各个领域的协助总统工作的助手。其中负责消费者问题的总统特别助理制度，是在约翰逊总统执政时设立的。埃丝特·彼得森女士是第一任助理。

此后，在总统府设立了以消费者问题特别助理为长官的美利坚合众国消费者问题局（USOCA）（现在由卫生福利部管辖）。在联邦政府的很多部级机关都有保护消费者的政策。例如有管理食品和药品安全问题的食品及药物管理局（FDA）和取缔欺诈性不法经商行为的联邦贸易委员会（FTC）等。USOCA 承担着联系和协调这些负责消费者权益保护的各部级机关的工作。

图 9－1　白宫

1975 年，美国的消费者问题局就处理消费者投诉问题，对国内所有组织的实际情况进行了调查，并对不合格的组织进行了劝诫。 调查对象为联邦政府的各机关、州政府等地方政府、消费者团体及企业等包含了所有消费者投诉处理的机关和组织。

这项调查一共花了 5 年时间。 接受这一调查任务的，是一家名叫 TARP 的小型调查公司，是由毕业于卡内基·梅隆大学和哈佛商学院的约翰·古德曼和他的朋友们一起创办的。 古德曼那时 30 岁左右，他将这项调查完成得非常出色。 尤其应该载入史册的是此后广为人知的“古德曼理论”、“古德曼三大法则”等“将消费者投诉带来的企业利润计量化”的成果。古德曼在对一系列机关和组织进行调查的同时，也对全国的消费者进行了调查。该调查以从全美240个地方选出的4 327户家庭为对象，得到的有效问卷为2 513份。

图9－2　古德曼

对顾客进行的调查询问内容如下。“您对过去1年内购买的服务或商品是否有不满意的地方？”“如果有的话，您是如何处理这一事件的？投诉了吗？您对解决的结果满意吗？”“您还会购买曾发生问题的商品或服务吗？”

从调查结果中可以看出，“当顾客不满意时进行投诉，对问题的处理结果感到满意时决定再次购买该产品或服务”这一做法的比率最高。

我们每天都在购买商品和利用别人为我们提供的服务。您肯定不会对每次买到的商品都感到100%满意。我们的期待有时会得不到满足。在各位的购物经历中，如果您买了10件物品，恐怕其中会有4件左右令您感到不满意。

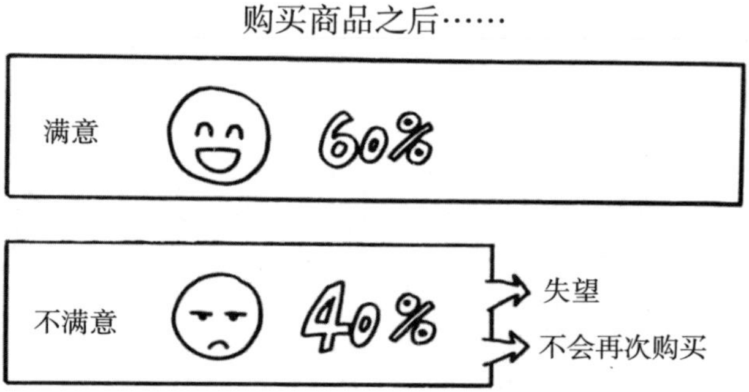

图9－3 消费者购买商品后的满意比例

大多数调查的共同结果是：对所购买商品感到满意的顾客占60%，剩余40%的人感到不满意。感到满意的人倒没什么问题，问题是那些对商品某些地方不满意的40%的人。

这40%心存不满的人，会如何处理他们的不满呢？大概几乎所有人都会感到失望，或是决心不再购买此产品。这个选择沉默的比例，会根据商品性质（是消耗品还是耐用品）、支付金额、缺陷和不满程度而有所不同，平均算来，其中有50%的顾客会选择沉默。

而剩下的顾客会向购买商品的销售点、零售店，或者向制造此产品的公司进行投诉。但这个投诉几乎都会被敷衍搪塞，能够真正得到制造厂家回复的顾客，还不到不满意顾客的5%。我们把这个叫做投诉的“冰山一角现象”。

某女装生产厂家在给零售店发货之后发现相当多产品上的拉锁不好用，有的布料上还有损坏。可是，生产厂家收到的消费者投诉和从零售店的退货竟然每2 000套中仅有1套。

图9－4　冰山一角现象

有一家生产冷冻食品的厂家，因打包机出现故障使包装盒的盖没有盖严而发生了冷冻烧伤（水分从冷冻肉的表面蒸发，导致脂肪氧化、肉质出现变色或者口感变差。——译者注）事件。可发生的投诉也是每2 000个产品中仅有1件。

某航空公司因故发生航班延误和取消，并导致乘客的行李连续失踪24小时。尽管给300多名乘客带来了不便，但总公司的投诉处理窗口仅收到6件投诉。也就是说，每50名乘客中只有1人向总公司投诉。

投诉和不投诉的客人

不满意顾客分为两种：投诉的人和不投诉的人。投诉的人也分为两种：对投诉处理结果满意的人和对处理结果不满意的人。

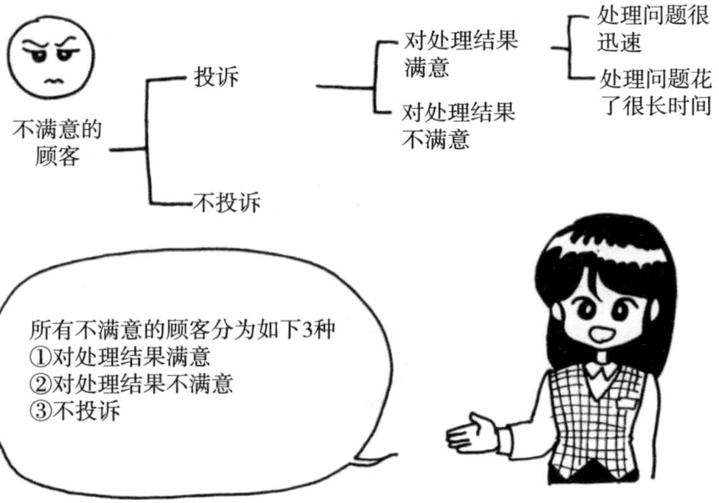

图9－5 “不满意顾客”分类

一般来说，如果顾客对购买的商品不满意，应该不会再次购买这种商品。但如果您对铁路、公交、水电气部门不满意，却也不得不继续使用。另外比如，即使对电脑的某些功能不满意，但也存在着由于该电脑却具有超越自己不满意的优秀功能而不得已继续使用的情况。但是像洗涤剂之类竞争商品种类繁多、选择余地广泛的商品，顾客如果不满意就会停用这家产品而改买其他厂家的产品。

即使不满也会再次购买此商品的客人

可是，有的客人即使对购买的商品不满意，但如果厂家对问题解决好的话，也还会继续购买出现问题的产品。这一点得到了古德曼的证实。

在不满意顾客之中，对投诉之后的处理结果感到满意的顾客决定再次购买该产品的比率，大大高出虽然不满意但没有投诉的顾客决定再次购买的比率。

这就是我命名的“古德曼第一定律”内容。

如图 9－6 所示，像超市销售的消费品、洗涤剂、加工食品等售价不足 1 000 日元的商品，即使顾客不满意，但如果厂家能迅速处理顾客投诉并且处理结果令顾客满意的话，顾客还是会再次购买的。可是几乎所有商品的包装物上，不要说消费者投诉窗口电话，就连生产厂家的电话号码都没有（根据 1980 年白鸥大学消费者对应论研讨会的调查，在带包装的糖果点心之中，印有公司电话号码的仅占 7%）。而如果产品包装上印有电话号码，即使发生了不满意的状况，54% 的顾客还会有再次购买的可能性。

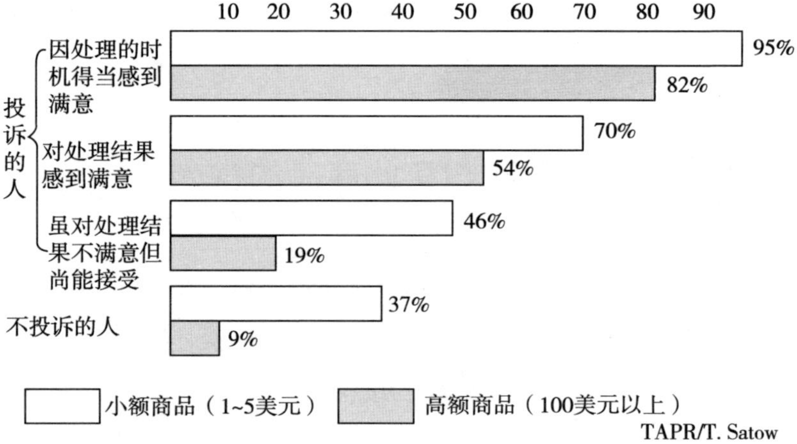

图 9－6 不满意顾客的行为和再次购买意向之间的关联

请您联想一下售价为 13 000 日元以上的商品，如小家电产品、家具、毛衣等。因投诉被迅速处理而感到满意顾客中的 80% 以上会再次购买同一种产品或者该公司的其他产品。可在没有投诉的人中，只有 9% 的人表示会再次购买，仅占投诉得到迅速解决且感到满意的顾客的九分之一。换句话说，心存不满但没有投诉的顾客中有 90% 不想再看到您公司的产品。

另一方面，时机恰当地迅速处理投诉问题也很关键。比方说有顾客打来投诉电话要求退款，接电话的人员可以马上解决。这个时候的再次购买率要比仅仅对处理结果满意的时候更高。可见处理问题的时机是一个多么重要的因素。

我是从 1980 年开始在日本介绍古德曼理论的。经过我 10 年的努力，现在认真倾听这一理论的人越来越多了。在过去 10 年中，如果有企业通过出色应对消费者而给企业带来利润的话，对于一直倡导古德曼理论的我来说，会为这一成果终于被社会所认知而感到欣慰。

古德曼定律世界通用

1982 年，狮王（LION）株式会社消费者问题部门以向消费者窗口投诉和咨询的顾客为对象，进行了关于该公司消费者应对满意度的问卷调查。这恐怕是日本最早有关对投诉处理部门的顾客应对满意度的调查了吧。当时在我的建议下，狮王公司也进行了顾客应对满意度与再次购买之间关联的调查。

如表 9－1 所示，回答“应对非常好”中 71.9% 的人表示：“在再次购买这种产品的同时，还购买狮王其他产品。”还有 20.5% 的人说：“虽然不买这种产品了，但改买狮王其他产品了。”这实际上是把评价狮王消费者窗口“应对非常好”的263名顾客中92.4%的人作为固定顾客固定下来了。另外还有回答“虽然会再次购买同种产品，但减少了购买狮王其他产品”中3.4%的人、回答“应对非常好”中95.4%的人及回答“应对好”中92.8%人都成为了狮王的固定顾客。另一方面，在应对不好的情况中，回答“应对不好”中25.0%的人和回答“应对非常差”中62.5%的人停止购买狮王产品，改成购买狮王竞争对手的产品。如果以这个数字为基础，就能够计算出因消费者部门应对投诉质量不佳所造成的损失金额。

表9-1　顾客应对满意度与再次购买之间的关联

购买状况/应对印象	非常好	好	一般	不好	非常差	合计
再次购买该品种产品 增加购买该公司产品	189 45.2% (71.9%)	160 38.2% (61.1%)	60 14.4% (41.4%)	8 1.9% (22.2%)	1 0.3% (12.5%)	418 100% (58.6%)
再次购买该品种产品 减少购买该公司产品	9 23.7% (3.4%)	11 28.9% (4.2%)	14 36.8% (9.7%)	3 7.9% (8.3%)	1 2.6% (12.5%)	38 100% (5.3%)
停止购买该商品 改买该公司其他产品	54 28.6% (20.5%)	72 38.1% (27.5%)	51 27.0% (35.2%)	12 6.3% (33.3%)	0 — —	189 100% (26.5%)
停止购买该商品 改买其他公司产品	5 11.6% (1.9%)	10 23.3% (3.8%)	14 32.6% (9.7%)	9 20.9% (25.0%)	5 11.6% (62.5%)	43 100% (6.0%)
没有购买任何公司的产品	6 23.1% (2.3%)	9 34.6% (3.4%)	6 23.1% (4.1%)	4 15.4% (11.1%)	1 3.8% (12.5%)	26 100% (3.6%)
合　计	263 36.8% (100%)	262 36.7% (100%)	145 20.3% (100%)	36 5.0% (100%)	8 1.1% (100%)	714 100% (100%)

投诉处理带来利润的计算公式

古德曼以通过投诉处理产生的顾客满意度与再次购买之间的关系为基础，成功实现了将投诉处理带来的企业利润计量化。从 1970 年到 1990 年，因出色开展消费者意向营销战略而提高销售额和实现利润的例子，有美国汽车公司“买方保护计划”的成功、家电制造厂家惠而浦公司和西尔斯罗巴克公司、巨人食品公司等实例，但由于拿不出具体数字，显得有些缺乏说服力。

投诉处理部门带来的利润（损失）的计算公式：

$$P\ total = P\ sat + P\ unsat - (X\ total)(Y\ noncompl)$$

P total =投诉处理部门产生的年利润（或损失）
P sat =通过投诉处理结果使顾客满意而再次购买产品产生的利润（或者损失）
P unsat =由对处理结果不满意的顾客再次购买产品产生的利润（或者损失）
X total = 投诉处理部门处理的年投诉件数
Y noncompl=假设未投诉的顾客没心怀不满，通过其再次购买应该实现的平均利润（流失利润）
*P total如果是正值，表示投诉处理部门提高了利润。

投诉处理带来的利润（P total），是把“由对投诉处理结果满意的顾客再次购买带来的利润（P sat）”和“由对投诉处理结果不满意的顾客再次购买带来的利润（P unsat）”加起来，然后减去“假设虽然不满意但没有投诉的顾客”再次购买而产生的、但实际已经失去的平均利润（流失利润）（Y noncompl）与投诉总件数之积所得出的数字。

这是一家美国的大型化妆品公司。
男性生发液事业本部
小布，
刚接到总公司的通知。因现在正处于经济前景不明朗时期，导致了我们的销售业绩不太好。所以公司决定把管理部门的预算一律削减3%。
事业本部长
我综合考虑了一下，如果一点点地削减各部门的预算，工作将无法开展。我想到了你们部门的顾客热线每年花费55万美元……
我决定干脆把这个部门取消。因为这是一个只花钱、不能赚取利润的部门。
本部长，作为负责消费者窗口的部长，我认为情况不是像您说的那样啊！
经过我们部门全体人员的努力，取得了今天这样来之不易的成绩，而且也得到了广大顾客的信任。
小布
现在如果取消我们部门并登出广告的话，人们会认为我们公司的状况相当不好。
我这也是不得已而为之啊。
如果能创造利润，你们的部门也不是不能保留下来，但如果没有具体的数字，我将无法说服董事会。
这么说，已经提出废止顾客热线的方针了。

看来本部长也没有充分认识到当前顾客热线的实际成绩啊。由于不能具体地掌握顾客热线到底为公司的利润做出了多少贡献，所以这次他决定取消我们部门
部长，这么说是要调整人员吗……
我们要有一定的心理准备……尽管我想努力将影响控制到最小范围……比如把大家调换到其他部门……
部长，我想问一下，本部长是不是说『如果能拿出顾客热线为公司利润贡献的具体数字，那就还有继续商量的余地？』
叮当
他是这么说的
对，他是说过这话。可这怕是办不到吧！
部长室
部长，您知道古德曼理论吗？
不知道……那是什么啊！
是计算投诉处理所带来利润的基础理论。
你是说能把投诉处理带来的利润用数字表示出来吗？
是的。而且还有完整的计算公式，此外也能计算出投资利润率（ROI）。
真的假的？这简直令人无法相信。

您不相信也没关系。但是请您给我两周的时间。
我一定给您看我计算出来的顾客热线所带来的经济效益。
嗯……好吧。
虽然不抱太大希望……
太好了。鲍勃，快帮帮我！
部长答应我了，期限是两周。
法律事务部吗？我想问一下提交到州法律事务长官那里的诉讼，包括这边的律师费等费用，平均需要多少钱呢？
马克，这是去年的投诉件数，另外还有每件投诉的处理成本。
当然也包括了间接费用
谢谢，安，我太爱你了！
约定的第二周早晨
叮铃铃（闹钟）
啊！天亮了！
太好了……弄完了！

根据销售数据	
顾客的购买频度	平均每月1个
销售1件商品获得的毛利润	30美分
热线的受理件数	年10万件
处理结果满意率	80%
处理结果不满意率	20%
处理结果满意者的再次购买率	70.0%
处理结果不满意者的再次购买率	48.2%
非投诉者的再次购买率	36.8%
由于满意者的介绍产生的新顾客获得率	1.0%
不满意顾客向政府监督机构的控诉率	0.5%
控诉处理所需成本	每件500美元
热线的运营成本	每年55万美元
投诉处理成本	每件 5美元50美分

由对处理结果满意顾客的再次购买产生的利润（Psat）　597 600美元
由对处理结果不满意顾客的再次购买产生的利润（Punsat）　20 400美元
假设顾客不投拆而造成的流失利润（Xtotal）（Ynoncompl）　513 000美元

Ptotal＝Past + Punsat－（Xtotal）（Ynoncompl）
＝$597 600＋$20 400－$513 000
＝$105 000

$$ROI=\frac{Ptotal}{(Xtotal)(Chandl)}=\frac{\$105\,000}{(100\,000)(\$5.50)}$$
$$=19.1\%$$

马克，有好消息，赶紧把大家召集过来.
砰砰（敲门）
怎么了？
出什么事了？
公司决定保留热线了。不仅如此，公司还要更加积极地使用我们这个热线。
进展很顺利啊，部长！
是啊，马克，多亏有你的帮助，进展才会这么顺利，谢谢！
这到底是怎么回事啊！
心怀不满但没有投诉的顾客的再次购买率低。我们的情况是36%。那么就得让不满意的顾客说出他们的不满，
我们通过解决问题，使他们满意。这样的话，我们的利润就会成倍地增长。不仅如此，顾客还会偏爱我们，通过口碑替我们做宣传。现在公司的方针改变了，认为咱们消费者问题处理窗口是产生利润的中心部门。
具体是怎么决定的？
类似于通用汽车公司的咨询中心。建立一个能够让顾客投诉和咨询的体制，全年不间断地24小时服务，利用电视广告等做好宣传。据说通用汽车公司的消费者咨询中心每年接听的电话多达300万个。
我们要将现在的年咨询投拆件数提高25%。公司会确保我们的预算和人员。马克你来做负责人，尽快做个计划给我。
哇！
是！

口碑的传播效果

图 9－7　顾客之间的口口相传

古德曼不光有“投诉处理带来企业利润”的理论，我还以我命名的“古德曼第二定律”对可口可乐公司（Coca－Cola）进行了“口碑的传播效果”调查。并在1984 年实施“在美消费者投诉处理”调查的补充调查时，发表了包括此成果在内的调查结果。

可口可乐公司 1 年收到 4 366 件投诉，调查对象中的60% 表示对解决结果“完全满意”。另外，表示“虽然不十分满意，但尚能接受”的人是 25. 5%，表示“不满意”的人则为 14. 5%。

表示“完全满意”的顾客平均每人会向 5 名朋友或熟人进行正面口碑的宣传。表示“虽然不十分满意，但尚能接受”和“不满意”的顾客则分别对 6 个人和 10 个人进行口碑的宣传。如果把这个数字代入古德曼的公式中，就会得出下述结果。

P compl handl WM = P pwm /2 × P nwm
P compl handl WM：因正面口碑而获得的新顾客
P pwm：受到对投诉处理满意顾客正面口碑影响的人数
P nwm：受到对投诉处理不满意顾客负面口碑影响的人数

$$\text{P compl handl WM} = \frac{(5\text{人})(4\,336\text{人} \times 60\%) + (6\text{人})(4\,336\text{人} \times 25.5\%)}{2 \times (10\text{人})(4\,336\text{人} \times 14.5\%)}$$

$$= 1.56\text{人}$$

这个“1.56 人”，是相对于因负面口碑而失去的 1 名顾客，由于正面口碑而使可口可乐公司能够获得的新顾客人数。

如果这 4 366 件投诉都没有得到妥善解决、顾客全都心怀不满的话，那么通过他们的负面口碑传播，就会波及影响到 43 660 人。但通过可口可乐公司的妥善应对，使 85.5% 的人、即 3 733 人完全满意或虽不十分满意但也接受了处理结果。这个正面口碑的传播效果涉及 20 000 人左右。对处理不满人数是 633 人，因此受坏口碑影响的人数不超过 6 330 人。

这一调查结果仅限于位于佐治亚州亚特兰大的可口可乐公司总部消费者问题负责部门处理投诉的跟踪调

查，不包括分布在全美各地的各装瓶公司处理的投诉。但调查对象中的 54.9% 和装瓶公司有过接触，其中 77.9% 的人在回答中表示满意。

“对投诉处理不满意顾客的负面口碑影响，与满意顾客的正面口碑影响相比较要高出 2 倍以上，这会拖销售的后腿。”

这就是“古德曼第二定律”。

根据这一定律，负面口碑的波及效果是正面口碑的 2 倍。但在某项调查中，甚至发现了假定正面口碑的波及效果是 3，那么负面口碑的波及效果就是 33，即 11 倍之多的结果。

消费者培训带来的企业利润

古德曼还发现了由企业开展消费者培训的定律。在可口可乐公司和美国运通公司（American Express）进行的调查中，制作了消费者手册。手册中介绍了当您想对生产可乐的企业投诉时应该如何做等内容。通过调查，了解到通过阅读此手册，可以提高消费者对可口可乐公司的信任，这样不仅可以期待正面口碑的传播效果，也提高了消费者的购买意愿，并对开拓市场做出了贡献。这就是古德曼的“第三定律”。

图9－8　消费者手册

古德曼的功绩

迄今为止，企业都会认为投诉是阻碍企业工作的要因。即使观念稍微先进的企业，也不过是根据从投诉中获得的信息，作为改善该企业产品研发和销售政策的“刺激要因”而已。可是，古德曼的想法从根本上推翻了这些观念，他用事实证明投诉是企业工作的“促进要因”，消费者部门是产生利润的中心。

我在1980年之初就已经知道这个理论并把它翻译成日文，并邀请古德曼来日本举行过研讨会，可大家的反应没有预想得那样好。古德曼于1991年两次来日本举行研讨会，还与大型电话销售公司Bellsystem24在业务上进行了合作。之后还听说古德曼正在计划成立 TARP 日本分公司。

最近美国出版的有关顾客满意和顾客服务之类的书中，几乎都在介绍古德曼理论和他调查的结果，未刊登的倒是很少见。

客人不投诉的理由

大多数心怀不满的顾客并没有投诉。

我将顾客不投诉的理由做了汇总，如图 9－9 所示。

顾客不投诉的理由

①没有时间投诉、不想卷入麻烦之中

②认为即使投诉，也没人会认真为自己处理

③不知道到底应该向谁投诉、如何投诉

④担心如果投诉了，会受到恶意报复

图 9－9　顾客不投诉的理由

目前，古德曼理论已经被推广开来并为美国企业所接受。在这样的趋势中，从事顾客满意咨询服务工作的企业增加了。而且，还出现了承接顾客满意度调查的公司和承办相关培训业务的公司等等。

这种现象并不仅仅发生在美国，在日本也是一样。然而，日本虽然也有在理论上比较完整的公司，但很多公司仅仅是趁着“顾客满意”的热潮靠开研讨会赚钱，或者打着出国考察的幌子通过海外旅行牟利。于是，各种所谓的顾客满意度咨询服务公司如雨后春笋般出现了。

顾客满意和 CSI（顾客满意指标）

最近经常会见到一个与顾客满意相关的、叫做 CSI 的词。除此之外，还出现了诸如 CSM 等各种新词汇。

首先我给大家介绍一下 CSM 吧。这个词有两种含义。

一个是“Consumer Satisfaction Management”的缩写，即“以实现顾客满意为目的的经营”，也可以叫做“顾客满意经营”吧。另一个是“Consumer Satisfaction Measurement”的缩写，即“顾客满意度调查”的意思。

而顾客满意度调查又分为以下两种。

购买满意度调查：以购买了商品和服务的顾客为对象，调查其对所提供商品和服务质量（不仅是产品，还包括提供商品或服务的方法等）的满意程度。后面将要讲述的 CSI 就是这种调查中的一种。

顾客应对满意度调查：以向企业咨询或投诉的顾客为对象，调查其对处理结果的满意度。另外，通过将这个满意度与顾客的再次购买率联系起来，能够计算出投诉处理所带来的利润。

图9－10　顾客满意度调查

CSI 是“Consumer Satisfaction Index”的缩写，意思是“顾客满意指标”。也可以认为这是调查顾客购买满意度方法之一。CSI 也分为两种。

(1)企业独自的 CSI

一个是各企业以自己所拥有的顾客为对象来调查顾客满意度，并把调查结果作为一种指标提出来，然后观察公司的各种销售组织是如何让顾客满意的。在美国，这是由通用公司最早实施的调查。现在，丰田、日产等公司以 OSI 或者“one two one”之类的名称，也在分别实施着这项调查。

(2)以同行业其他企业为对象的 CSI

另一个是美国的 J. D. Power 调查公司以现在的计算机行业和汽车行业为对象进行的调查。从该公司以汽车行业为对象的调查方法来看，他们以汽车的注册台账为依据对用户进行问卷调查，分车系来调查汽车硬件方面和经销商服务方面的顾客满意度，用纵轴和横轴方式来公布指标。本田阿库拉（LEGEND）因连续四年位居该调查的第一名而成为人们热议的话题。在 1991 年 8 月发表的 1990 年指标中，丰田雷克萨斯系列和日产英菲尼迪系列并列第一名，奔驰位居第三名，本田阿库拉则降到了第四名。

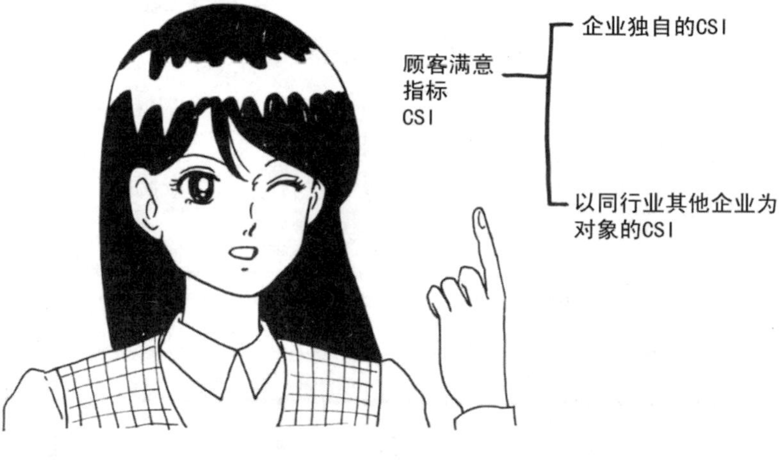

图 9－11　顾客满意指标

1992 年，在以 1991 年度汽车为对象进行的调查中，第一名仍然是前一年的第一名日产英菲尼迪系列，第二名是丰田雷克萨斯系列，第三名则是丰田。之后依次是本田、日产、通用土星系列、福特林肯系列。而已连续四年一直保持第一名的本田阿库拉（LEGEND）降到了第八名，排在其后的是通用奥兹莫比尔，排在第十名的是初次崭露头角的斯巴鲁汽车。可是阿库拉在购车三年后的后续调查中，1988 年上市的该车型仍然位居第一名。

调查公司 R&D 与 J. D. Power 联合成立了名叫 R&D/J. D. Power 的合资公司，他们打算在日本也进行类似的调查。日本能率协会也开始按行业划分顾客满意度等级。这在各行业中造成大恐慌，因为毕竟是单方面实名公布在其行业中的满意度排名，所以让人感觉有点接受不了。相关抽样数量、调查方法、问卷调查等内容则一律不公开。

第二篇

如何实现顾客满意

第十章

实现顾客满意的战略

公司宗旨和公司规则为何而存在

这需要包括从每天在现场与顾客直接接触的第一线员工到公司老板的团结一致，把实现顾客满意当做重中之重，并围绕顾客所期待的事情开展工作。

这不仅仅是指本公司正式员工，临时工和钟点工也是一样。

顾客是不会替我们分辨哪个人是熟练工、哪个人是新员工、哪个人是临时工的，外协公司的临时工也是一样。例如替百货公司送货的公司是和百货公司毫不相干的运输公司，可即使如此，当顾客收到从某百货公司订的货物时，顾客也会认为货物是由该百货公司员工送来的。

实现顾客满意的基本思维方式

公司要尽全力来彻底执行对顾客和社会所承诺的事情，这就是实现“顾客满意”的基本思维方式。

把顾客满意放在第一位

即便能够抽象理解这个含义，但在如何具体开展上也会不知所措。 下面我给大家介绍几个实例吧。

诺思通神话

下面我给大家讲一个“诺思通神话”，这是关于美国一家高档百货商店的故事。诺思通百货商店在西雅图创立，到1991年春天为止，已经以西部为中心扩展到了65家店铺。

我在加利福尼亚的科斯塔梅萨（洛杉矶南面的奥兰治县）分店里和店长交谈过并买过东西，这里的店员对顾客的亲切和热情程度，在美国这样一个国家简直是令人无法置信的。

例如，为一个有国外生活经验的女孩预订礼物是很复杂的。她会指定如克里斯汀·迪奥口红#563和#475、雅诗兰黛夜间修护露、倩碧化妆水、香奈儿花露水#19之类的品牌和编号。

图10－1　周转于多个柜台的顾客

鲁迪·彼得森的故事
糟了，。我把机票落在宾馆里了。
怎么办？回去拿吗？
反正是赶不上斯德哥尔摩的会议了
没机票就不能上飞机了吗？
就是这个原因，能不能想办法帮我解决啊！
10 Check-in Check-in
SAS
EXPRESS CHECK IN
FIRST CLASS
您别担心，彼得森先生，您放心，时间还来得及。
可我没拿机票啊！
我知道，我帮您查一下。
真的没问题吗？
是的，我们已经给宾馆打电话确认了。
SAS
哎呀，这可帮了我大忙了。当时我还以为没拿机票不能登机呢……
彼得森先生，
这是您的机票。
啊？我的……
我们特意让机场大巴去宾馆取的。
斯堪的纳维亚航空把顾客满意放在了第一位！

大和的故事
大和运输公司的会议室
火车虽然没事，但由于正在下大暴雪，关越的公路和17号国道都已经无法通行。
这雪为什么从圣诞节开始一直下个不停呢？
据说这次下的暴雪厚度竟达59公分。这两年连续下大雪啊！
看来无法从长岗的始发站进入汤泽和石打两地。
好像得有一万台左右的滑雪设备因大雪积压送不出去。
这是天灾，也没办法啊。如果来不及也只能请顾客放弃了。
不给顾客退款不好办吧。
我看由各营业所分头打电话，以取得顾客的谅解吧。
社长室
什么？来不及就给顾客打电话？
你怎么能这样说呢？顾客是因为相信我们大和公司会如期把货送到他们手中才让我们送货的。
我们不能辜负顾客的期望。只要我们承诺了送货，无论发送任何事情，我们都必须得遵守约定（约定的内容是：普通货物是第二天送达、滑雪设备是隔日送达）
社长，话虽这么说……
这次天灾，从客观角度看是不可抗拒的。
这个我明白。

随着社长的一声令下，一切都开始按照社长的要求按部就班地进行着。而此时和大和竞争的其他公司却没有采取任何应对措施。

最后大和公司向租借滑雪设备的几万名顾客支付了租赁费用，而且一旦滑雪设备到达当地，还要立刻送到顾客手中并退还运费。小仓社长亲自在阵前指挥，共计几千名员工在新年期间几乎都没有睡过觉，夜以继日地处理这个问题。据说这期间的费用高达上亿日元。尽管大和公司没有把这件事告诉任何人，却在滑雪者之间一传十、十传百地传开了。从那以后，广大滑雪爱好者都不约而同地用大和公司来运送自己所购买的滑雪设备。大和公司信守约定的行为提高了该公司的业绩。这的确是一个通过高质量的服务使顾客满意从而产生利润的鲜活实例。

如果是在日本的百货商店，恐怕您必须得挨个去各品牌柜台一个一个地买回来。

诺思通则不一样。有一次我在诺思通购物时，我第一个光顾的柜台售货小姐亲自去各柜台把我订购的所有商品都替我拿齐了。此外，听说我要回日本，他们还免费赠给我一大堆试用装产品，而且还亲自将我送到停车场的汽车里。

年轻的店长和我说："想在我们店里工作的人，他们的目的并不在于收入多少，而是注重在诺思通工作的经历。"

诺思通神话不仅仅在店铺集中的美国西部地区家喻户晓，在没有店铺的美国东部，即在没有诺思通购物经历的东部地区也广为人知。

顾客服务之十诫

我制作了经营者研究顾客服务时所需的"顾客服务之十诫"。这是我在《优秀服务》作者琳达·拉什汇总的理论基础之上进行改进、并加工而成的。

①不折不扣地执行约定。

②确保合适的人才。

③建立服务培训机构。

④把挖掘和培养人才放在首位。

⑤注重“关键时刻”（决定性瞬间），努力给顾客留下好印象。

⑥营造“服务至上”的公司风气。

⑦不断创造提供优秀服务的机会。

⑧关注服务的广告和销售方法。

⑨根据服务的失败教训来研究利润对策。

⑩关注服务的实际状态，对服务情况进行测定和评价。

经营者对推进 CS 的认识和理解

正如我在本书中反复提到的那样，CS 推进的成功与否取决于公司高层的想法。在以 187 名消费者部门的管理人员为对象的调查中，四成人（39.5%）认为，经营者的认识和理解对推进 CS 是至关重要的。另外还有接近四成（38.5%）的管理人员在回答中认为“经营者对 CS 非常关心”。

另一方面，93.5% 的日本经营者已经具有“服务质量左右公司业绩”这一认识。还有 79.0% 的社长认为所谓服务是“要站在顾客立场上思考和工作”。另外对于本公司提供的服务，76.2% 的社长回答说“顾客非常满意或者大体满意”（而只有 52.0% 的管理人员回答说“顾客满意”。两个回答之差高达 24.2%）。在回答

"企业提供的服务中不可或缺的东西"时，"提供服务给顾客带来的满足感占 77.6%"、"提供高质量且安全的商品和产品"占 76.2%、"提供令顾客信赖的服务占 75.5%"。大家的回答主要集中在这三点上。而"令人愉快的待客态度"仅占 28.0%。

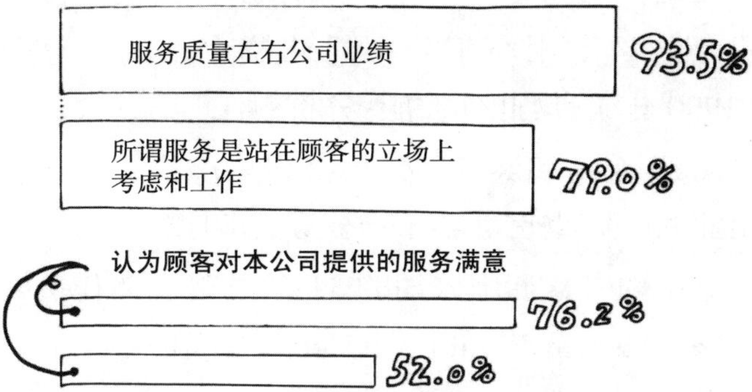

图 10－2　针对社长和管理人员的服务意识相关调查

单从这一点上看，日本企业经营者的 CS 意识很高。但是在这一调查中，由于问卷回收率竟然低至 17.3%，所以也许说"只有两成左右的企业 CS 意识较高"可能更准确一些。

企业经营者重视"顾客满意"的趋势并不仅仅是在日本。在日本营销协会于 1991 年 11 月在东京主办的 JMA 营销世界会议上，进行基调演讲的美国营销协会希尔布朗会长，也谈到当今在美国被冠以优秀企业称号的企业经营者们都对"顾客满意"倾注了极大的关心。

目前，美国的企业热衷于一个奖项，即马尔科姆·

鲍德里奇奖。这是为纪念在竞技比赛中坠马身亡的里根时代商务长官，于1987年设立的奖项，按照严格标准评审、表彰质量优秀企业。该奖项由美国商务部发起，每年分成制造厂家、相关服务企业、中小企业三大类，并各有两个获奖名额。迄今为止获奖的有：摩托罗拉公司、西屋电气公司（1988年）、米尔肯公司、施乐公司（1989年）、通用汽车公司凯迪拉克部门、罗切斯特IBM（1990年）。此外在服务部门中，第一次是由联邦快递公司获奖。该奖项审查标准极为严格，在实际考察候选企业时，调查官员会亲自到现场调查。为了制作参加评奖的申请书，通用公司的34名员工竟然花费好几个月时间来精心准备。在七个审查标准项目中，最受重视的是“顾客满意”，在满分1 000分中竟然占到了300分。在到1990年为止的三次评奖中，提出申请的公司

图10－3　马尔科姆·鲍德里奇奖

总数为 203 家。但是迄今为止，获奖的公司除了上述七家以外，还有两家中小企业获奖，加在一起一共是九家。因为获奖名额是十八家，所以获此殊荣的企业只占规定数量的一半。

问题在于，经营者即使脑子里清楚，但是却还没有掌握如何让顾客满意的技巧。

我在前面已经和大家讲过重建斯堪的纳维亚航空公司的扬・卡尔森的故事了。为了改革员工意识，SAS 按照欧洲著名的（丹麦）跨国国际时代管理培训及顾问集团（TMI）的 PPF（PPF 是英语 putting people pirst 的缩写，意为“以人为本”。——译者注）程序进行了培训。通过培训，SAS 最终提高了服务质量，并在 1984 年入选“年度最佳航空公司”。随后，英国航空公司也让全体员工接受了 TMI 的培训，并于 1985 年也获得了“年度最佳航空公司”的殊荣。

TMI 实施培训的第三家航空公司是日本航空。遗憾的是，日本航空并没有入选“年度最佳航空公司”。

PPF 的培训程序分为两天。英国航空公司在接受培训时，百忙中的最高经营责任者（CEO）考林・马歇尔放下了手中所有工作，全程坐在普通员工之中参加培训。可日本航空接受培训时，据说当时的社长山地先生来到千叶培训中心，在说完“诸位，希望你们在这两天要好好学习”之类的套话后，就乘上外面等候他的汽车匆匆离去了。

当然，我并不认为这件事和日本航空没有入选“年度最佳航空公司”有关系。不过，没有入选是事实。尽管接受了当今世界权威培训机构 TMI 的培训，可最近经常听人说日航的服务水平突然下降了。在日本能率协会进行的顾客满意度调查中，听说航空业中第一名是全日空，第二名是日本佳速航空，第三名才是日本航空，听起来真有点令人难以置信。

服务是身份低的人做的事情吗?

大概日本几乎所有的经营者都认为服务是身份低的人才做的事情吧。是不是认为只要现场员工把工作做好就可以了，服务和经营者毫无关系呢？在不久前日本经营协会进行的调查中，尽管九成的社长具有“服务质量左右企业业绩”的意识，但大多数人似乎认为服务是部下们的工作，和自己没有直接关系。无论企业大小，曾经像下面这样向属下提问的经营者有几人呢？

经营者应该向下属提问的问题

“如果我们把对服务不满意的顾客减少 2%，利润能增加百分之几？”

“如果我们引进竞争对手还没有采用且无法立刻模仿的服务，利润能增加多少？”

图 10－4　服务只是现场员工的工作吗？

恐怕您还没有这样问过下属吧？

如果您真正相信“服务质量左右企业业绩”，那么请您做一下如下检查。

图 10－5　经营者对顾客满意的关心有多少？

测试经营者对顾客满意关心度的检查表

①我曾经在服务窗口和前台等工作现场，注意观察过员工是如何服务的吗？当发觉工作进展不太理想时，我是否采取了必要的措施呢？

②在过去的一年里，我作为负责顾客服务的员工，一共有几天在前台或窗口等现场参与实际工作了呢？

③在过去的一年里，我和我们公司的顾客直接交谈过吗？

④为什么顾客对我们公司的服务心怀不满呢？我是否知道原因呢？为了消除不满，需要花费多少成本呢？我了解这些情况吗？

⑤对我们公司的服务心怀不满的顾客有多少人？我知道具体数字吗？我知道处理顾客不满所需的成本是多少吗？

⑥在心怀不满的顾客中，有多少人转为购买竞争公司的产品了？我知道准确数字吗？我知道因此而损失了多少利润吗？

经营者在认识到“服务质量的高低决定产生利润的多少”是今后服务经济型社会企业的经营目标时，就表明您已经拿到了通往优秀服务型企业的通行证。

第十一章 实现顾客满意的具体开展方法

设置核心小组

首先要在总公司机构中专门设立处理这件事的核心小组。最近，虽然各公司开始建立 CS 推进委员会组织，但这只不过是一个项目组，并没有实际的效果。有关组织和运作，古德曼已经为我们制订了非常详细的方法和措施。为了能把他的这些方法应用于日本企业，我向各位介绍一下大体内容。

目标

首先要确立目标。那就是“最大限度地实现顾客满意和品牌忠诚度的综合性企业战略”。具体地说，目标就是通过优秀的顾客服务最大限度地实现顾客满意。为了实现这一目标，需要设定7个阶段和2年的限定期限。

图11-1　首先要确定目标

人员构成

关于核心小组的人员构成（当然把这个仍然叫做“CS推进委员会”也完全无所谓），尽管因公司规模和企业情况而异，如果专务董事、副社长、常务董事级别的人能够担任该组织负责人，那么最好让他们当中负责市场营销的人来担任。小组成员的范围则尽量要广，包括以人事、财务、总务、产品研发、销售、宣传、客服为首的公司所有部门，还有分公司、分店以及能够直接反映现场意见的人们，尽量开拓出一条能让他们都以某种形式参加的渠道。另一方面，通过说服成员之中对“服务质量产生利润”持怀疑态度的人，能够把核心小组的目标和工作渗透到整个公司。另外，也需要让公司外的咨询专家和学者以顾问的身份参加进来。

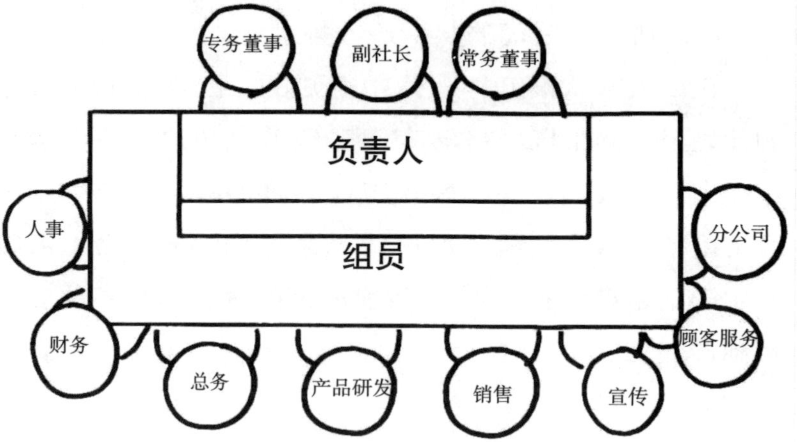

图 11－2　核心小组的人员构成

在公司内部达成共识

在公司里，一提起“CS 管理”这个词，就会遭到以工会为首的部门的排斥，导致大家对计划产生分歧。我阅读了《钻石周刊》（1992 年 4 月 4 日号）上刊登的某大型企业 CS 推进部长的匿名座谈会内容，讲述了诸如“公司内部沟通很难，我们拼命说服相关人员，花了一年半时间才将有关计划提交到经营会议上”的烦恼。他们没有意识到这是由于他们把以往“生产率和效率产生利润”这一工业经济型社会的经营理念原封不动地搬到他们的组织里（类似于新瓶装旧酒）而造成的混乱。总之，这个工作是要把以往的企业理念来个 180 度大转弯。极端地说，由于这是相当于消灭和否定日本江户时代幕藩政治体系已经形成并持续 300 年以上的等级制度，所以确立全公司的共识是当务之急。

正如大家从报纸等媒体中得知的，因持续七十几年的计划经济向市场经济转变而导致苏联政治经济大混乱一样，由于我们也面临着从工业经济型社会向新的服务经济型社会转变的第二次产业革命（即服务革命）所以产生混乱是难以避免的。仅靠所谓的项目组是不能实现顺利转变的。

设立事务局

应设立专门负责处理此项业务的事务局。日立制作所虽然设立了以副社长为委员长的“CS 提高委员会”，但却任命了一位部长专门担任事务局长。JTB（日本交通公社）由专务董事担任分店业务改革委员会的委员长，并委派服务推进室主任（部长级）担任事务局长。由于这是开拓前人从未涉足的领域，所以成功与否取决于选人用人的情况。应该任命真正认识到“扩大顾客满意是 21 世纪企业理念”和对获取服务经营知识有工作热情的人担任事务局长。

任务

CS 推进委员会的总体任务如下。

①调查我们公司现有的所有客服程序、过程、体系现状，并查清问题。必须从对顾客满意有影响的角度来找到突破口。

②以这些分析结果为依据，向决策层提交具体的开展流程和综合性方案。

③监督这些计划和方案是否真正最大限度地在扩大顾客满意上发挥着作用。

以上内容写出来很容易，但如果要在短时间内实施的话，工作是非常繁杂和庞大的。而且开展工作时必须要得到公司内部的理解。这个核心小组和以往项目组的最大不同点在于，它把具体实施和监督成果都当成本职工作。

全体会议和分科会

CA 推进委员会（“核心小组”的另一种叫法）应该建立全体会议和分科会（工作小组）制度。如果要达到向上级承诺的目标，最好半年、最少也得每十个月召开一次全体会议，一年召开一次有点太少了，当然也可以每个月召开一次。根据工作的进展情况，有时候也可以考虑每周召开一次分科会。如果有必要也可以设立辅助小组。

核心小组的工作步骤

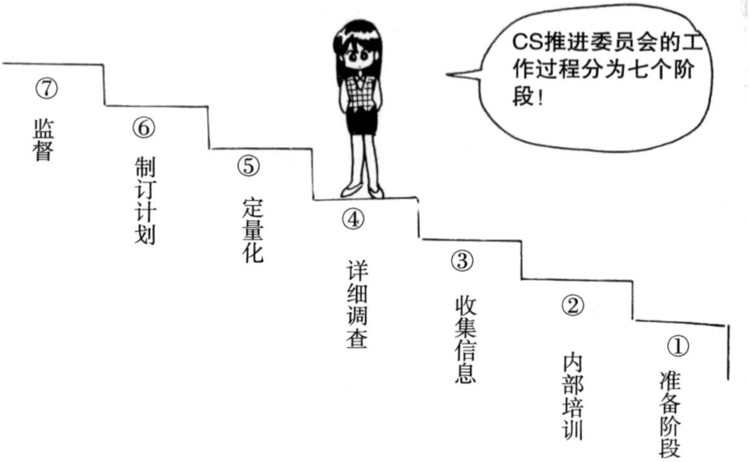

图 11－3　CS 推进委员会工作的七个阶段

第一阶段：准备阶段

首先让我们从第一阶段（即准备阶段）开始探讨吧。最好把全体人员（也包括分科会成员）安排在一个无法用电话联系、和日常业务隔绝的培训设施或者宾馆中召开项目启动会。

社长尽管不能参加整个日程的会议，但肯定应该露个面吧。

召开会议的目的是让全体人员对奋斗目标达成共

识。这一点非常重要。因此，会议召开前，应该向全体人员分发有关顾客满意和顾客服务方面的文件和资料等，使大家能够事先进行相关知识和理论的学习。

选定外部讲师

图 11－4　选定外部讲师

通过从公司外部邀请真正懂得 CS 理论的研究者或学者进行命题演讲，也能在提升小组知识和理解能力上发挥作用。美国企业在构筑顾客满意体系时，就会灵活运用公司外顾问和调查公司的智慧。卡尔·阿尔布雷希特先生和约翰·古德曼先生也是众多企业的顾问。日本企业出现问题时大多都会在公司内部解决。如果是在以往市场营销延长线上的问题，可以采用这种方法，但如果想在本公司内消化诸如顾客服务和顾客满意这些新概念，几乎是不可能的。不过也有并不真正理解顾客满意的实质、奉行“赚钱至上”的所谓顾问，所以在选择顾问时需要充分注意。目前在日本，包括学者和研究者在内，能够真正准确地在理论上把握此问题，并在实际业务应对方面能够提出正确建议的机构和顾问屈指可数。从这个意义上来说，本书应该能够发挥一定作用。

图 11－5 有效使用外部讲师

通过有效使用外部讲师，能够使参加者对包括顾客满意的看法及国内外各公司的研究方法具有统一认识。并且，即使说的是同一件事，相较于内部人，外部人说的时候大家更容易认真听。

第一次会议的议题

在第一次会议上讨论的议题如下：

①明确顾客满意的定义和 CS 推进委员会的使命。

②研究有关在顾客服务和投诉处理领域内的顾客满意度调查。

③从现有的顾客服务及投诉处理概念中摆脱出来。

④重新研究正在执行的顾客满意程序。

⑤制订项目运作计划。

⑥制订在实施顾客满意战略上所必需的人力和财力计划。

第二阶段：内部培训

第二阶段是“内部培训”，也许叫做“内部说服”更为贴切一些。总之，要改变由来已久的传统观念，如果不充分搞好沟通工作就会引起公司内部混乱。特别是如果不充分得到中层管理人员的理解，就会无法进行这来之不易的改革。为了防止员工陷入不安情绪之中，我们必须尽量在早期让组织内的不同特定群体（现场销售队伍和总公司中层管理人员）加深理解。特别是要重点说明关于顾客满意带来的收益性高低和积极投诉处理带来的利润。SAS 社长卡尔森最吃尽苦头的地方，就是说服中层管理人员和工会。因此在您进行劝说时，请把劝说对象分成若干个小团体，然后分别反复地和他们促膝谈心，直到使他们信服为止。特别是地方分店和营业所的信息量小，更要多替他们着想。最强烈反对这场服务革命的是企业中层管理干部和工会组织。曾经监视和监督部下工作的管理人员会强烈反抗改变自己的职责。

比如，印在名片上的“科长”头衔没了，取而代之的是“小组长”头衔，不要说本人不愿意，就连梦想成为“科长夫人”的妻子也会有抵触情绪。而且，因为现场管理人员的视野肯定是集中在自己工作上，所以对整个公司和社会的变化不甚了解也是一件无可奈何的事情。

图 11－6　管理人员头衔的改变

第三阶段：收集信息

第三阶段是“收集信息”。这是一项非常复杂而繁琐的工作。如果不充分做好第二阶段的“内部启蒙”、预先达成全体员工共识的话，将很难顺利推进这项工作。

图 11－7　收集信息的五个步骤

收集信息的五个步骤

①调查清楚现在公司正在进行的客服内容和投诉处理程序。

②从顾客满意的观点出发，以“最初的应对是否妥当”和“如何管理投诉处理”为切入点来研究和评价整个公司的工作。

③进行公司内部的顾客满意度调查。即以员工等

（也包括临时工和钟点工等）为对象实施的调查。

④拜访在顾客服务和投诉处理方面处于先进地位的企业，多听取对此问题具有远见卓识的研究者和专家的意见。但这时也要具有辨别真假的能力，不能断章取义，需要用全面综合的眼光来看待经营。

⑤进行顾客满意度调查。必须实施“购买满意度调查”和“顾客对应满意度调查”这两项调查。我在本书之后的章节中将详述这方面的相关内容。

在开始该项工作之际，首先必须彻底做好的工作是一丝不苟地列出来目前公司正在执行的顾客服务和投诉处理程序的步骤、过程和做法，并进行分析和研究。通过进行这些工作，能够制订出评价公司各部门工作的标准。

在七个领域进行工作分析

接下来对开展企业重要战略所必不可少的七个领域的工作进行分析。

（1）人力资源：人员及其资源

①无论制订怎样的顾客满意程序，其根本问题都是人的问题。不仅仅涉及销售、服务、管理以及与直接顾客接触的部门，要以组织中的所有人员为对象，从如下角度重新研究。在职务分担过程中，是否明文规定了每个人在实现顾客满意过程中所应尽的职责？

②为了向员工提倡主人翁意识，在组织内部是如何转让责任和权利的？

③由于以往奖励制度标准偏重成果意向和生产率，所以是否忽视了对工作过程和顾客满意方面的评价？

④是否正在整个组织中发掘执行顾客满意程序的合适人选？

（2）公司的组织、结构问题

①是否是一个能够提供最高水平顾客满意的组织？

②是否每个员工都充分理解其他员工在实现顾客满意中的作用和责任？

③为了进一步扩大顾客满意，是否需要变更组织、创建新的部门？

（3）测定

①对顾客满意方面贡献较大的工作是什么？

②如何定位调查顾客满意的频率和标准？

（4）系统

①顾客是否能够很容易地获取组织中任意等级的有关产品和服务方面的信息？ 组织对投诉咨询的答复迅速吗？ 组织经常更新和升级数据库吗？

②不光是顾客，组织内部是否也能通过电脑系统很容易地获取信息呢？

③管理部门是否站在预防问题发生的角度上收集信息？ 这些信息对经营决策起作用了吗？

（5）产品和服务

①公司提供的产品和服务是否适应和满足了顾客的需求与期待呢？

②产品和服务是否经常保持在高质量水平上呢？

③工作标准是否设定在“只要不辜负顾客的期待就可以”的低水平上呢？

（6）程序

①研发的程序是否能够实行、是否达到满足条件的水平呢？

②为了在现场能有效处理顾客的问题，是否准备好了研发工具的所需程序？

（7）交流（对内交流和对外交流）

①为了在公司内部渗透顾客满意理念和所确定的方向，采取了哪些方法？

②在日常决策过程中，是否考虑了对顾客满意的影响？

③是否已经建立研究有关取消或者修正阻碍顾客满意手续的组织结构？

④是否通知了客人如果有问题应该向哪个部门反映？

⑤向顾客做出什么承诺？ 是如何将这些信息传达给顾客的？ 是否让顾客抱有过高的期望？

顾客要求的东西往往和企业认为顾客所需要的东西

之间有很大差别和隔阂。

企业认为的顾客满意和顾客本身的满意不同

美国的各种协会在宾馆中举办年会和研讨会是一件很平常的事情。与会者早晨一到宾馆，就可以享用宾馆已经准备好的咖啡、红茶、果汁、可乐、饼干等。与会人员可以在会议间歇时在这里休息一会儿。

图 11－8　宾馆为与会者准备了丰富的食品饮料

提供服务的宾馆为顾客准备了种类丰富的各种饮品。热饮料有热咖啡、不含咖啡因的脱咖啡因咖啡、各式红茶，清凉饮料有可口可乐、百事可乐、七喜汽水和种类繁多的果汁饮料等等。宾馆相信，准备得如此丰富，肯定会满足所有顾客的喜好。所有宾馆的经营者都坚信自己已经实现了顾客满意。

可是，这么做就真正使顾客满意了吗？为了弄清情况，我做了一下调查。从调查结果中得知：宾馆方面坚信的顾客满意，只不过是单纯的过度自信而已。提供种类繁多的饮品是理所当然的。但与此相比，顾客更期待的是把这个咖啡桌摆在离公用电话和吸烟处较近的地方。

图 11－9　令人意外的调查结果

这样的例子只不过是冰山一角。在本书之前的章节中介绍过的“就服务问题对社长和管理人员进行的调查”中，“相信顾客对本公司所提供的服务满意”的回答者竟然占到 70%。其余的 30% 的回答者是根据自己得到服务的经历回答的，即当自己成为顾客时对所受到的服务感到不满意。

在我所工作的白鸥大学，每年都在校外对入学新生进行入学教育。1991 年法学系也举办了这个活动。由于总人数接近 700 人，所以选在鬼怒川温泉的一个能容纳 2 000 人的宾馆中进行。晚餐摆上了好几道高档料理，即使对于我们这些老师也应该感到满意，可学生们的评价却非常不好。原因是菜量太少了。而且宾馆里没有自动售货机，买东西必须得去外面，这也成了大家不满意的原因之一。这也是真正的顾客满意和服务提供者所认为的顾客满意之间的差异。

顾客满意度调查

因此，顾客满意度调查十分必要。

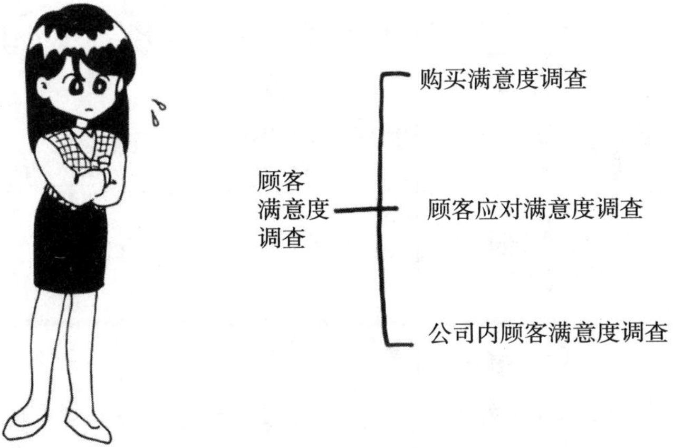

图 11－10　顾客满意度调查

顾客满意度调查分为购买满意度调查和顾客应对满意度调查两类。购买满意度调查就是通常所说的顾客满意度调查，即调查顾客对所购买的商品和服务抱有怎样的印象及是否满意。顾客应对满意度调查主要是调查顾客对企业应对顾客投诉和咨询等方面的满意度。

以上两种是以所谓的“公司外顾客”，即我们平常称作顾客的人为对象进行调查。除此之外还有以公司内顾客（即以自己公司员工）为对象进行的满意度调查。

最近我在阅读论文时，发现一个叫做 ES 的新词。它是 Employee Satisfaction（员工满意度）的缩写，似乎是日本独创的复合词。可以算作是“任何事物都有内、外之分”这一日本文化的产物。我也查找了相当多的美国文献，没有发现这一词语，他们只使用了 Internal Customer（内部顾客）一词。这么说来，我们必须要理解内部顾客这个概念不仅包括所谓“自家顾客”的员工，也包括外协厂家及集团内其他公司的员工。

最早进行购买满意度调查的是约翰·古德曼。他受美国消费者问题局的委托，从 1975 年开始，花费 5 年时间进行了“美国国内消费者投诉处理”调查。

新式购买满意度调查

以往的购买满意度调查方法是五阶段方式，即在五个答案选择项“非常满意”、“满意”、“说不清”、“有点不满意”、“非常不满意”上画圈。其实这个并没有太大的意义，因为受回答者主观态度的影响太大。即便是在“没在承诺时间之前送到货”这个问题上，A会回答说“非常不满”，但对不那么急于收到货物、或者因货到付款正在为筹钱担心的B来说，也许会在“无法回答”上画上记号。而即便是同一个A，有时也会因急需使用或者不着急使用此商品而改变画记号位置。

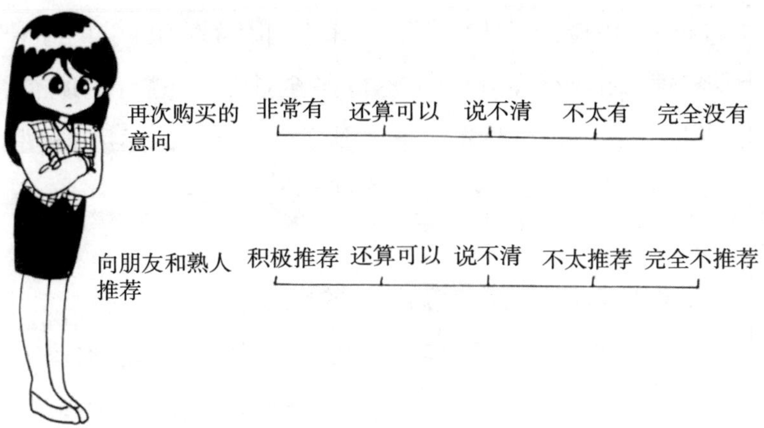

图11－11　古德曼的顾客满意度调查

而古德曼出的题目以“您是否有再次购买此产品和服务的意向呢？”和“您打算把这些推荐给朋友和熟人吗？”为切入点。这其中有古德曼顾客满意度调查的特色。如果不将调查顾客满意与再次购买联系起来，就没有明确的调查目的和意义。如果不在这里设置一个调查点，就无法以这个调查结果为基础来制作“由投诉处理带来企业利润”的模型。

调查对象

该调查是以所有的公司商品购买者和服务利用者为调查对象。既可以以一定期限内的所有购买者为对象，也可以用随机抽样的方法来选择对象。具体的调查对象选择方法，要视企业状况、预算及其他条件来决定。

在以整个行业为对象进行的调查中，比较著名的有J. D. Power 调查公司以美国汽车行业为对象调查的 CSI（顾客满意指标）。此外还有各企业自行进行的调查，如丰田美国公司的 OSI（车主满意指标）、通用公司的 CSI 及日产的“one two one”等指标。

为了提高顾客满意度调查的精准度

最近，各企业对顾客满意度调查的关心程度比以前有了明显提高，但只是把问卷调查表摆在店面中是不够的。如果因顾客满意度调查过多而导致顾客不满，那是很滑稽和讽刺的。而且，如果这些问卷调查表不被充分回收、分析并灵活运用在企业的改善工作上，或是不和具体利润联系起来，就会使人质疑调查的目的。

事例 A

这是我入住斯里兰卡科伦坡的洲际大酒店时发生的事情。当我在宾馆前台办理入住手续时，服务员将一个厚厚的、装满问卷调查表的信封交到我的手里。信封里装有一份顾客满意度调查问卷。回答完所有内容大概得花15～20分钟。如果填好答案后交给宾馆，就会得到精美小包装的锡兰茶一套。我费了好大劲才填写完。如果仅仅是明信片式的问卷调查表，顾客只有在不满意时才会填写，不会指出企业的优秀地方和提出表扬意见，而大多数人即使填写也只是敷衍了事而已。但是这份调查问卷不是我进房间之后发现的，而是服务员在前台亲手交给我的。配合调查还能得到精美奖品，所以我也愿意认真填写。这么一来，酒店就会得到高质量的有效信息。我认为即使把配合调查的顾客的住宿费用打折5%～10%也是十分划算的，而且这样还可以提高这些顾客对酒店的忠诚度。

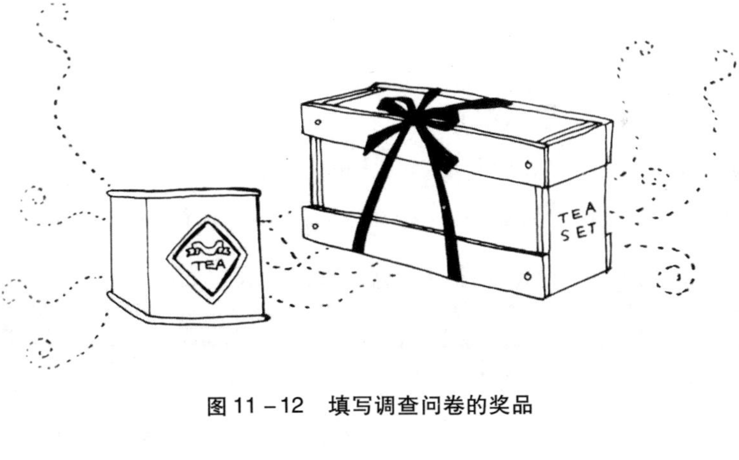

图11－12　填写调查问卷的奖品

事例B

JR东海（日本东海旅客铁路公司）曾经以新干线乘

客为对象进行过顾客满意度调查。 我在填写完一份相当厚的问卷调查表并寄回后，收到了 JR 东海公司给我寄来的表示感谢的充值卡。 卡的表面印刷着新干线的图像，用桔黄色字写着“JR 东海”的字样。 我毫不犹豫地认为这是 JR 的车费充值卡（桔黄色卡是由 JR（日本铁路公司）发行的一种车费充值卡，可以在专用的售票机上购买短途车票。——译者注）。 可当我把这张卡插进火车站的自动售票机上刷卡买票时，自动售票机却不接受此卡，我操作了好几次也不行。 无奈之下，我只好咨询火车站的工作人员，JR 东海公司的卡是不是不能在 JR 东日本公司使用。 后来总算弄明白了，这个根本不是什么车费充值卡，而是一张 NTT（日本电报电话公共公司）的电话卡，这真是一场令人意想不到的闹剧。

顾客应对满意度调查

所谓“顾客应对满意度调查”，是指对向本企业提出过投诉或者咨询的顾客进行跟踪调查。 在此项调查中，最为著名的是古德曼与可口可乐公司进行的“口碑传播效果”调查。 关于这方面内容，我已经在本书第九章中向大家介绍了“古德曼第二定律”。 即在对企业的应对不满意的顾客中，平均每个人会向九到十名朋友或熟人传递负面消息。 另外，杰里 · 威尔逊在他的著作《口碑营销战略》一书中提到：如果是正面口碑的话一个人只能传三个人，但负面口碑的传播范围竟然是正面口碑的 11 倍，即 33 人。 这就是“3 ~ 33 定律”。

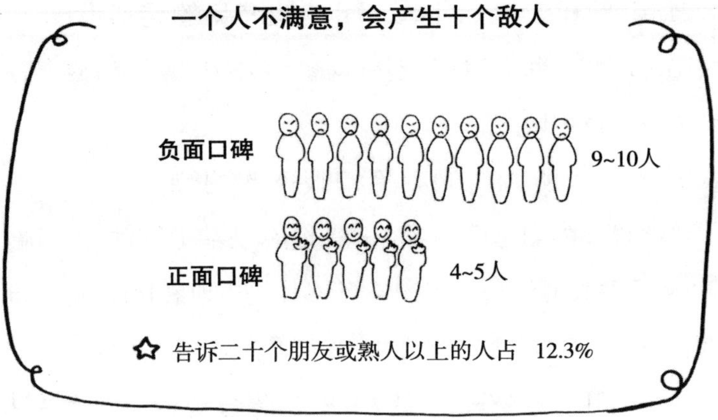

图 11 – 13　古德曼第二定律

调查内容

下面，我想更详细地给大家讲解一下关于顾客购买满意度调查和顾客对应满意度调查。 我先从购买满意度调查开始说明吧。 这是以从顾客名册中随机抽取的顾客为对象，用邮寄问卷调查表或者给顾客打电话的方式进行调查。 这种调查和一般调查是一样的。 这个样本能够按不同产品和不同地区，分阶层地调查顾客满意度。

调查项目

①顾客满意度。

对特定商品的满意度；

对顾客服务的满意度。

②采取投诉行动。

③再次购买意图。

④品牌忠实度（对本公司其他产品的购买意图）。

⑤口碑行动（将自己的满意或不满意告诉自己熟人和朋友的行动）。

⑥顾客对所调查的商品和服务的期待。

必须要注意的是，在一般的消费者调查中，调查公司的人员是按照调查目的来组织调查问题的，但在制作顾客满意度问卷时，首先要进行集体访谈（Group Interview）。即调查公司召集7～8个调查对象，然后主持人按照调查的主题进行提问，是一种通过让调查对象自由发言来搜集各种意见和信息的调查方法。在做好这些工作之后，接下去要做的是深度访谈（Depth Interview）。要在充分了解顾客意见和观点之后再制作问卷。此外还可以采用另一种方法，即把投诉和咨询显露出来的顾客真实声音反映在问卷上。

调查目的

顾客应对满意度调查是以在过去六个月之内进行过投诉和咨询的顾客为对象，调查顾客投诉行为的深层心理。

①为什么投诉？

②向谁投诉？

③投诉满意水平。

④投诉应对质量。

⑤再次购买意图。

⑥品牌忠实度。

⑦口碑传递。

⑧投诉者的期待。

上述这些调查的结果主要是作为提高顾客服务和投诉处理水平的基础数据来发挥作用的。另外，通过这些调查，能够计算出因不完善的服务和投诉处理工作产生的流失利润。

图 11－14　调查的欠缺部分

对消费者投诉的三种态度

的确，仅靠调查还弄不清顾客的真实想法。

调查往往只是累积过去的记录而已。 而且并没有把顾客当做具有人格的个体去看待消费者运动，而是根据统计数字领会消费者意图后发出的过激见解。 当然我也不能全面否定定量把握的方法。 但作为定性把握的一环，将投诉处理功能系统化是非常必要的。

在日本，很少能看到有公司在建立投诉处理窗口时，是在具有明确的目的意识、在设计好总的体系之后起步的。

我认为有如下原因。

企业对消费者投诉的态度分为如下三个阶段。 这是我在 1973 年提出来的。

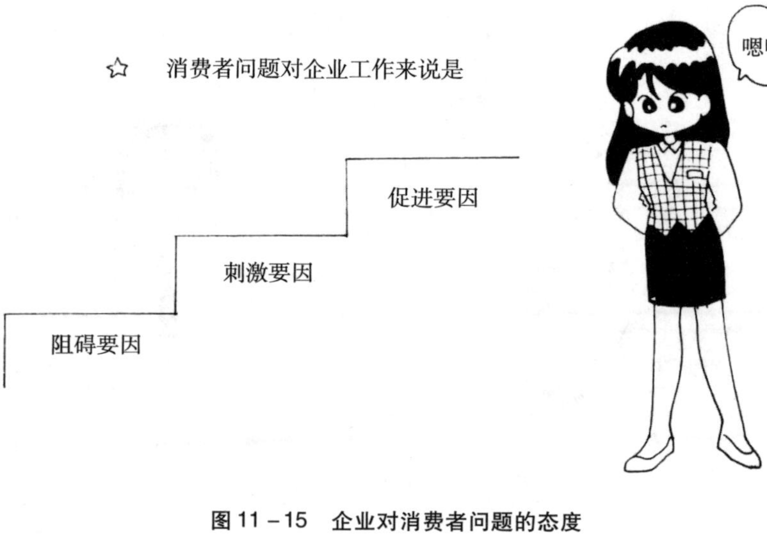

图 11－15 企业对消费者问题的态度

（1）阻碍要因

首先是将消费者投诉视作“阻碍要因”的看法，即认为投诉妨碍和阻碍企业的工作。很多企业认为投诉有损企业形象，是应该掩盖起来的、不光彩的东西。

因此，企业认为处理消费者投诉是一项不得已而为之的负面投资。所以有的企业任用那些年纪大、临近退休，或是已经退休、从事过警察之类工作的人来担任处理投诉部门的部长。部门成员也是一些和顾客投诉工作毫不相干、完全没有工作热情的人。这种处理顾客投诉的组织结构令人感到失望。在过去 20 年里，除极少数企业外，无论是上市的一流企业还是其他企业都是这种状态。作为一名涉及所有产业的消费者相关组织——消费者相关专家会议的会员，我认为恐怕不会有人在被分派到消费者部门之后，认为自己荣升而举杯庆祝的。这个阶段的消费者部门工作仅仅是接待咨询和处理投诉，充其量也就是统计一下顾客投诉和咨询的件数。发生问题时，只会拿着一个 1 000 日元左右的“礼品点心盒”一个劲儿地道歉。我也曾经有过这方面的经历。我曾经因邮购的 T 百货商店的产品有质量问题而打了投诉电话。有一天晚上回到家，我发现大门旁放着该商店投诉处理部门某科长的名片和一个“礼品点心盒”。

还有一项重要工作，英语叫做“Difficult Consumer”，日本将其翻译为“特殊消费者”对策。企业的消费者部门认为只要把这项工作做好就万事大吉了。 其企业甚至还聘请了一位曾经当过警察署长的人担任消费者部门的部长。

（2）刺激要因

第二个阶段是把消费者投诉当做“刺激要因”的思想。 即认为投诉可以刺激企业工作，能够在活化企业工作上发挥作用。 把投诉理解成是顾客特意花时间为我们提供的宝贵信息。

消费者部门的功能如图 11 –16 所示。

①处理消费者投诉、受理消费者的咨询
②收集和分析消费者信息并向经营部门反映相关信息
③和行政机构及消费者团体交涉
④对消费者进行启发和培训
⑤对公司内部进行培训
⑥检查广告及产品标识

图 11 –16　消费者部门的功能

到了这一阶段，消费者部门应具有真正意义上的消费者窗口功能。 也就是说，在消费者部门的六种功能之中，前两项是必须具备的主要功能。

企业投入巨资和人才设立消费者窗口的意义，不仅仅是消除顾客的不满，更重要的是直接倾听消费者需求，较之以往通过投诉咨询渠道所获得的极少的、只能在量化上把握的消费者需求，这是一个更能顺畅汇集相关信息的渠道。最近，具有这种明确意识并开设消费者窗口的企业正在逐渐增加，花王株式会社可以说是这方面的先驱。与投诉处理工作相比，花王生活科学研究所更主要的任务是根据消费者的生活水平来预测消费者需求。

（3）促进要因

到达这一阶段的企业，将消费者问题作为“促进要因”来考虑。关于这一点，我认为已经无需单独说明，因为本书通篇都在说明这个道理。

构筑投诉处理系统的重要性

这个阶段最重要的事情是构筑投诉处理系统。前几天我接受了一家信息关联企业的咨询。这家企业以往是由各营业部门处理消费者投诉，但现在打算在总公司建立客服中心，把分散功能整合起来。这家公司向我咨询这个方案是否可行。我在拜读了该方案后，感觉投诉处理系统尽管还算比较完整，但总体看来却完全没有考虑如何收集和分析信息并使其在改善管理和相关部门工作方面上发挥作用。作为企业，首先应该考虑的是研究如何解决这一问题，然后再确定实际的投诉处理顺序和手续。

企业要明确建立顾客咨询窗口的目的，即将顾客的真实需求反映在经营上。企业应该在充分研究投诉处理系统后再建立具体开展窗口工作的程序。

理想的投诉处理系统

理想的投诉处理系统是保持运营功能和维持功能的平衡。

这两个功能就如同汽车的两个轮子，必须大小一致。这是1984年美国消费者问题局（USOCA）发表的“美国消费者投诉处理”跟踪调查中所突出强调的理论。这一保持运营功能和维持功能平衡的“双轮观点”，实际上是引用了我在1979年撰写的关于“美国消费者投诉处理”的调查论文（英文）中的部分内容。对于美国政府在正式文件中引用我的论文中的一部分，我作为该领域的先锋人物感到非常光荣。

运营功能	维持功能
输入	**控制**
筛选	部内跟踪
记录	部外跟踪
分类	**管理**

运营功能	维持功能
应对	统计报告
调查问题	策略分析
解决问题	纳入策略
起草答复	评价
	制定计划
	责任和义务
	鼓　励
输出	引进、培训人才
发送	**公开程度**
保管、检索	唤起大家的注意

图 11－17　令人满意的投诉处理功能

消费者窗口的预算占广告费用的一成

为了能最大限度地提供令顾客满意的服务，应该如何确保所需的资金呢？ 以往，用于顾客服务上的支出是亏本投资，或是不得已而为之的事情。 如果是连邮购订货业务都处理的顾客服务部，我认为其经费可以计入到收入预算中。 但大部分企业都把这个经费项目纳入到与收入预算不相干的管理费中，处理方法与消耗品和办公用品的费用相同。 那些深信顾客服务和利润毫无关系的经营者和会计负责人，一旦企业效益不好，就会最先打算削减这个部门的预算。

我有一个建议，即从预算中把广告费的经费项目去掉，改成“交流费”。下面我说明一下我的理由。

最近我经常听见一些广告方面的人抱怨广告不起作用。但在经济高速增长时期，通过一项大规模广告宣传活动就能获得超高销售额并不是梦想。

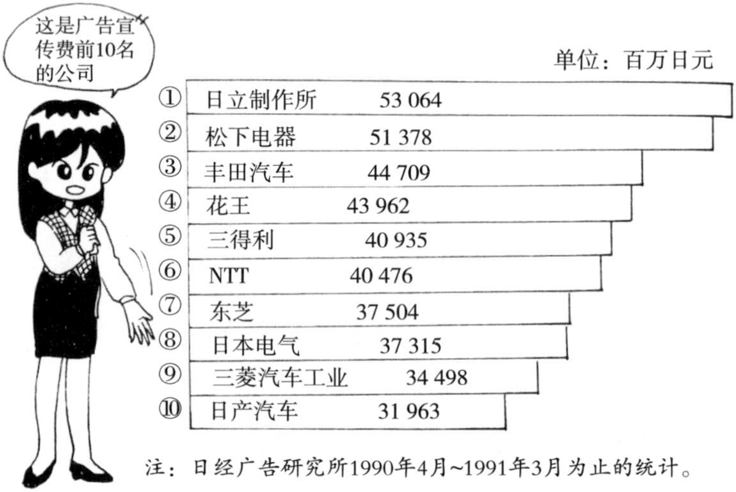

图 11－18　广告宣传费用前 10 名的公司

其根据是曾经金额几乎相同的促销费和广告费，现在它们的比率变成三比一至四比一，各企业都有明显偏重促销费的倾向，用于获得新顾客的费用变得非常庞大。根据电通公司进行的“日本企业广告费用”调查，1989 年的日本企业全年总广告费为 5 兆 715 亿日元。如果再包括促销费，用于获得新顾客的费用将达 30 兆日元左右。从各个企业单独来看，也都投入了相当多的广告费用。我在图 11－18 中列出了 1990 年广告费用前 10 名的日本企业。

用于得到一个新顾客的费用金额是相当庞大的。但如果做好售后服务，第一次购买的顾客充分满意，那么该顾客就会第二次、第三次购买此产品，而且会购买该公司的其他商品并成为该公司产品的爱用者。根据美国某项调查结果，这项费用只需广告费的六分之一就足够了。

在某项调查中，大多数企业经营者都认为只要做广告就能和顾客良好沟通。我在本书之前的章节中已经阐述过何谓“沟通”。按照我的说明，广告绝对不是沟通，只能算作企业单方面的行为。它只是通知或传达意义上的沟通，并不是真正意义上的沟通。

在各种传媒中投放的广告都是单方面的，也是不完整的。而弥补不完整的方法就是通过电话提供顾客服务。

自从美国家电厂商惠尔浦公司于1967年采用接听方付费的800客服电话以来，在美国企业中使用800电话服务已经成了行业常识。在日本，以NTT公司为首，很多公司都开始将免费电话导入到顾客服务中。这一导入的具体开展方法属于我所从事和研究的专业领域，但由于本书篇幅所限，只好忍痛割爱不在这里讲述了。

如果企业把现在广告支出的一成投资到消费者投诉和咨询的受理中，就能获得高投资利润率。

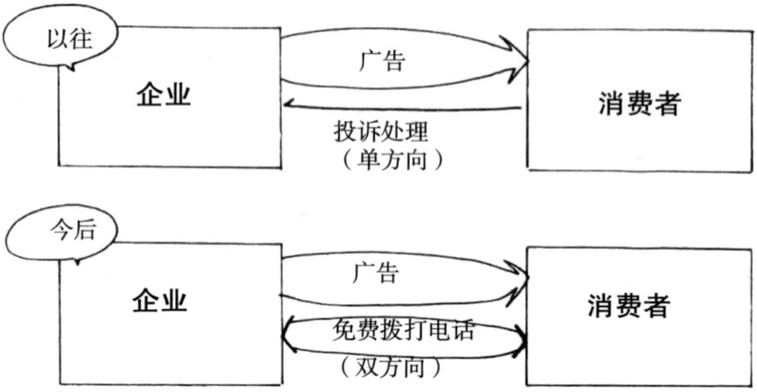

图 11－19　企业和消费者的沟通模式

最近，当我向入选广告费投入前十名的某公司消费者部门部长问道“贵公司消费者部门的年预算有 30 亿日元吧”，对方立刻现出一副吃惊的表情。其实我的根据就是，消费者窗口部门的目标预算是广告费用的 10%。

拜访各前辈公司

让我们把话题转移到“第三阶段：收集信息”的最后一个步骤吧。这就是拜访在顾客服务和投诉处理工作上领先于我们的前辈企业，实地观摩该公司的工作现场并进行研究。例如在美国拜访诸如通用电气公司咨询中心，在日本很多企业都去拜访花王公司、日立公司等。在各领域中都有很多名不见经传却非常优秀的企业。在短短 4 年时间里就把消费者窗口阵容扩充 10 倍的日本安利和欧姆龙都是这方面的杰出代表。在中小企业中，也有以博多“福屋”为首的众多优秀企业，只是名气不大。

第四阶段：详细调查

CS 推荐委员会的下一个工作是第四阶段——详细调查。根据第三阶段收集的信息，可以弄清楚在顾客服务和投诉处理领域发生问题的根本原因所在。

为了进一步得到所需信息，要以之前得到的信息为基础进行补充调查。

例如，需要首先以与顾客直接接触的员工、联系人（CP，CP 是英文 Contact Person 的缩写。——译者注）为对象，进行“决定性瞬间周期”的调查。从某种意义上来说，这个调查也可以作为分析每个员工工作情况的依据，即让每位员工提出决定性瞬间周期。关于决定性瞬间周期，在本书之前的章节中我已经列举过顾客和某个企业从开始接触到接触结束的一个周期（即顾客使用宾馆时的例子）。这次我想把主角替换成员工，从提供服务的一方来画这个周期。

假设在某旅游公司前台，一位顾客走了进来。当时您正在电脑上忙于输入某些资料。当您察觉到有顾客进来时，立刻微笑着转过头来向顾客点头示意：“欢迎光临！”

图11－20　从服务提供者入手研究“决定性瞬间周期”

然后，您便开始询问顾客的来访目的、商量有关旅游方面的问题、制订出行日程、预订宾馆和车票、交给客人票据、收取费用等直到客人离开为止，这可以看作是一个周期。让每位员工本人一边分析自己的工作过程一边画出自己的工作周期。也就是说，请每位员工画出自己的“关键时刻（决定性瞬间）”周期。这项工作的目的，就是让员工通过分析自己每天无意识中做的事情，客观地观察自己的工作，从而提高该员工的工作积极性。

企业这样做可以掌握每名员工的工作内容，并且发现为了达到提高顾客满意必须做但员工却没做的工作。这是和改善顾客满意工作紧密相连的。不仅如此，制作指导手册还可以得到珍贵的基础数据。另外，也可以在根据实际情况进行职务分工时发挥作用。

图 11－21　旅游公司前台的工作过程

第五阶段：定量化

第五阶段是“定量化”。即用数字来表示以往出现过的数据。之后我将给大家详细介绍定量化目的、实际操作方法及“顾客满意资产负债表”的制作方法等。

在 JR 东日本公司，反馈到 12 个绿色中心的投诉等信息会被立刻输入到电脑，经营者在任何时候都可以调取这些内容查看。尽管该公司建成了运输部门最高负责人山之内副社长随时可以查看的系统，但我感觉似乎并没有掌握定量化的方向。

第六阶段：制订计划

第六阶段是制订“最大限度实现顾客满意的具体战略计划”。这个阶段分为两个部分，即“首先要妥当做好工作”和“行之有效的投诉处理”。

图 11－22　第六阶段的两个部分

所谓“首先要妥当做好工作”，是指为了能在顾客服务各方面最大限度地实现顾客满意，应该分别建立怎样的战略计划；“投诉处理”的目的则是增加对投诉处理结果满意的顾客，使顾客再次购买本产品并打造对企业忠诚的顾客群。我们必须要在明确这些目的的前提下制订战略计划。

CS 推进委员会要针对总公司及工作现场的所有部门提出这些建议。然后将这些经充分研究后的计划提交给公司最高经营责任人。待这些计划经董事会研究后，采纳为全公司的政策并予以实施。

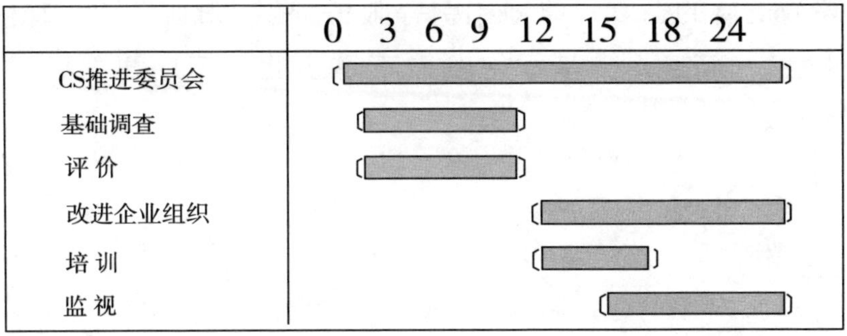

图 11－23 顾客满意推进战略计划日程表

第七阶段：监督

第七阶段是“监督”。CS 推进委员会和以往我提议建立的特别小组、项目小组、某某委员会的作用是完全不同的。各部门按照经营者指示的顾客满意战略计划来具体实施这些建议，并监督实施过程。CS 推进委员会应该每年至少四次（即每季度一次）提交工作开展情况报告。CS 推进委员会事务局长应该担负起每天的监督责任，管理为此而设计的经营信息系统（MIS）。在此期间一旦发现应该修正和改善的问题，必须要随机应变，迅速地修正工作路线。

监督时，重要的是绝不能延续以往旧的企业思想。也就是说，必须摒弃监视、管理服务提供者的态度。说到底，这个观点就是在改进工作时必须要对服务提供者采取支持的态度，尊重和引导服务提供者的自觉性和自主性。 而且，其基本出发点不是企业，而是要立足于顾客。

第十二章
如何说服经营者

如果委派您到 CS 推进室工作

我认为对于日本企业中负责顾客满意工作的人来说，最头疼的问题是 CS 已经成为一种热潮，而老板对此问题的认识还停留在一知半解的程度上。当组织中建立了 CS 推进委员会，您“不幸”被任命为这个部门的负责人，却又“不知道应该如何操作”。

首先，被任命为这个部门领导的您由于自身是在“企业利润取决于资本和劳动生产率”的逻辑下培养起来的，所以您不能理解“服务质量高低（通过服务达到的顾客满意程度）决定企业利润”的思想。

对于顾客满意始终是与经营者密切相关的问题，我一直在强调其重要性。 这是经营思想的问题，是经营战略的问题，是超越了用以往概念理解的营销问题，是企业文化的问题。

图 12－1　回忆前述内容

在前些日子召开的一个研讨会上，有位参会者向我询问应该如何让老板理解顾客满意，即如何说服社长的问题。 凭着我在企业工作的多年经验，我告诉他只能用数字来说服经营者。 身为会议协调人的庆应大学的井关利明老师不愧是著名学者，他说：“这样的公司除了倒闭别无他法。 无论公司内部怎么劝说也是无济于事的，经营者应该经常参加各种演讲会和研讨会去学习和汲取经验。”我对他的观点也有同感。 作为学者，做到这一步就可以了，可对于企业人来说还是不够的。 在说服经营者时如果出现了这个问题，那只能采用诸如出现了多少亏损、通过实现顾客满意使该顾客再次购买此产品而带来了多少利润、通过顾客口碑扩大了多少新顾客、通过得到社会上的信任而实现了多少利润等具体数字来增加说服力。

图 12－2 井关教授

正如安飞士欧洲公司顾客满意部长、我所翻译的《优秀服务》一书作者琳达·拉什女士所说的，重要的是首先要激发起经营者的“危机感”。也就是说，要让经营者具有“危机意识”。

为了引起工作繁忙的经营者关注

作为一名必须时刻关注整个经营全局的经营者来说，工作是非常辛苦的。比如研究如何提高销售额、利润率、制订投资计划、抢占市场份额等；还有调配企业运行资金、处理涉及税务、行政关系、法律事务关系的问题；与客户进行商业谈判、安排人事问题、调整劳务关系、收购其他公司、解决本企业给环境造成污染及对其他企业的环境造成影响等问题。这些影响企业利益的所有问题都是一名经营者必须操心的事情。

图 12－3　为公司经营全局而事事操心的经营者

作为一名对所有事情都必须操心的经营者，只能根据事情的轻重缓急程度进行工作。人们认为一名有能力的经营者所应具有的素质，是在处理问题时能够恰当地分清事情的轻重缓急。经营者将精力倾注在给企业造成危机的问题上是理所当然的，但又往往会被具体的、眼前的事物所吸引。而最具体、最容易理解的东西就是数字。

就是说，要用数字来表示如果不使顾客满意企业就有陷入经营危机的可能性。在董事会议上，董事们研究的问题经常是数字。比如本年度销售额、与去年同期相比的销售额之差、销售额增长率、利润、利润率，还有投资利润率、每名员工的平均销售额和利润等。经营者根据这些数字来经营和管理公司。而且，这些数字都是用金额来表示的。花了多少钱、挣了多少钱都一目了然。

可是，以往消费者部门汇报的顾客投诉件数常常很少。也就是一个月一次或是三个月一次，甚至有时候一年才提交一次投诉报告。而且在报告内容中，也顶多是把发生的投诉和咨询件数分开，单纯按月或周来合计投诉和咨询件数，然后与上月或上周的件数进行比较，用投诉件数增加或者减少的结论来蒙混过关。

数字进攻

请您回想一下我在本书前面讲过的男性化妆品总部的故事。在由投诉处理带来的企业利润模拟模型中，每年用 55 万美元投资即可获得 10. 5 万美元利润，投资利润率达到 19. 1% 。美国运通公司和安飞士欧洲公司等都已经采用这种数字方式来表示消费者部门带来的利润。现在的问题是没有一个普及的标准模式。很多企业正在尝试制订一种能够在本行业通用的标准。我们可以看到如万豪酒店客房服务标准、美国联邦快递公司和大和运输公司的次日投递完成率等具体实例。但时至今日还没有一个全部服务行业通用的标准。例如要在电话铃声响三下以内接听电话等。

关于消费者投诉处理方面的服务，通过古德曼先生的努力，现在已经有了完整的市场利润模拟模型。

比如顾客每年买一件我们的商品，即我们卖出一件产品的毛利润是2 500日元。对利润影响最大的因素是顾客因某些变故而停止购买我们的商品。从这类商品流失件数中，减去因质量以外的原因（包括顾客搬家或死亡等）而停止购买本公司产品、转而去购买我们竞争对手的产品而造成的流失件数（请参照图12－4的公式）。

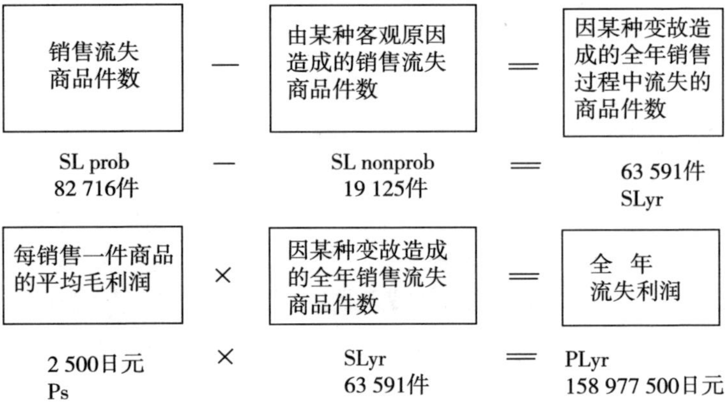

图12－4　全年流失利润公式

现在我们假设“全部销售流失件数”是 82 716 件。其中，非顾客不满意而因搬家等客观原因造成的销售流失件数是 19 125 件，那么因顾客不满意造成的流失件数是 63 591 件，由于每件商品的毛利润是 2 500 日元，所以全年损失利润达 1 亿 5897 万 7 千 5 百日元。

图 12－5　全年流失利润不可忽视

这个模拟模型没有通用性。另外即使是同一个行业，A 公司的模型也不能在 B 公司中使用。而且所有基础数据必须使用该公司自己的东西。为了获取模拟模型基础数据，必须进行前面所述的两种顾客满意度调查。

这个模拟模型是由 TARP 公司研发的，属于该公司独自拥有的专门技术。在日本，和 TARP 公司合作的 Bellsystem24 株式会社已经从 1990 年开始采用基线调查形式，以几家公司顾客为对象实施调查和评价。

表 12－1 中的数据是 Bellsystem24 为某家宾馆进行

的、日本首次的基线调查，是计算由于未达到顾客满意而失去利润的敏感性分析指标。

假设每位顾客购买的产品单价为 5 万日元、纯利润为 17%、全年有 20 万名顾客购买了此产品，那么具体计算数字如表 12-1。

表 12-1　敏感性分析指标例子

当产品、服务的单价为 5 万日元（纯利润率 17%）、全年购买和使用此服务的顾客为 20 万人时

	基线现状	程序 A	程序 B	程序 C
对产品、服务不满意的发生率	39%	25%	25%	39%
对产品、服务不满意的申诉率	35%	55%	35%	55%
对因不满意而申诉的顾客对应满意率	34%	44%	34%	44%
全年损失销售额	¥1 335 477 624	¥716 042 200	¥856 075 400	¥1 117 025 832
全年损失利润	¥227 031 196	¥121 727 174	¥145 532 818	¥188 894 391
改善程序成本		¥55 000 000	¥25 000 000	¥30 000 000
投资与利润率之比		192%	326%	124%

顾客满意资产负债表

表 12-2 是欧洲一家服务行业公司的“顾客满意资产负债表”的一部分。该公司每年进行一次 TARP 公司

发明的模拟模型基础调查（基线调查）。 此表是以 1988 年的调查为依据制定的。

表 12－2　顾客满意资产负债表

营业所	利用件数	人均利用次数	总利用人数	变故体验率	变故发生率	丢失利用件数	丢失金额
伦敦	505 970	1.0	505 970	37.4%	34.4%	43 981	1 099 525
巴黎	398 484	2.0	199 242	55.8%	80.5%	59 012	1 475 300
柏林	347 926	1.2	283 335	48.5%	54.0%	27 640	691 000
马德里							
罗马	•	•	•	•	•	•	•
斯德哥尔摩	•	•	•	•	•	•	•
奥斯陆	•	•	•	•	•	•	•
伯尔尼	•	•	•	•	•	•	•
里斯本							
合计/平均	2 253 157	1.4	1 555 761	47.2%	59.1%	239 821	5 995 525

每件平均利润按 25 英镑计算　　¥1 391 381 487

如果能像这样用数字来表示因顾客服务不当对利润所造成的影响，那么接下来就能计算出顾客服务带来的利润。

顾客满意带来利润的模拟模型

方案 A

如果减少 5% 的变故经历、在投诉处理上投资 5 万美元，那么全年可以减少销售流失件数 5 878 件，这和挽回的销售件数 5 888 件几乎相同的。 也就是说，投资利润率（ROI）竟然能达到接近 300%。

方案 B

如果减少 9% 的变故经历，在投诉处理上投资是方案 A 的 3 倍，即 15 万美元，通过积极推动投诉处理工作，使其比率增加 15%，另外再将投诉解决满意率提高 29%。 这样做虽然投资增加 3 倍，但可以获得 70 万美元的利润，大约是方案 A 的 5 倍。 同时，投资利润率（ROI）也是方案 A 的 1.7 倍。

表 12-3 模拟结果

	基线	方案 A	方案 B
经历变故比例	54%	49%（-5%）	45%（-9%）
提出投诉比例	45%	45%	60%（+15%）
感到满意的投诉者	31%	31%	60%（+29%）
全年流失的销售件数	63 590	57 702	35 898
全年挽回的销售件数		5 888	27 692
附加的全年利润	……	$ 147 200	$ 692 313
投资额	……	$ 50 000	$ 150 000
投资利润率（ROI）	……	294%	462%

我说明到了这个地步，如果还有经营者认为顾客投诉处理是负投资或者是不得已而为之，那么您就不具备 21 世纪经营者的资格。

第十三章
有关扩大顾客满意的课题

顾客满意能在日本扎根吗?

经常有人问我，顾客满意在日本是否会进展顺利。其实我也很悲观。在我们日本，员工的素质是相当高的。特别是对自己所属企业的忠诚度非常高。令人吃惊的是，就连刚内定录用、还没领到工资的学生，和别人谈话时都像连珠炮似的口口声声地“我们公司”或者“在我们公司”地说个没完。日本是一个存在“过劳死”问题的国家。经常会听到一些中年部长抱怨说：“最近的年轻人缺乏热爱公司的精神”，我感觉与其说年轻人缺乏热爱公司的精神，还不如说这些部长们的想法不正确。戴明（Deming）提倡的 QC 周期在美国的进展并不顺利，可在日本却大获成功。小团体活动是日本人最擅长的事情。日本产品占领世界市场的背后，正是由于小团体活动在生产高质量产品上做出了非常大的贡献。

图 13－1　日本人对公司的忠诚度之高

现在这种大书特书的服务质量问题，即认为搞好小团体活动就行的想法是非常武断的。这是由于他们把顾客满意理解成是由 QC 向 CS 过渡过程中、从 QC 中延伸出来的问题。就连现在流通问题方面的专家、消费者相关专家会议会长田岛义博先生也是这样认为的。

如果没有经营者的意识变革是不可能实现顾客满意的，我认为这是日本企业能否真正达到顾客满意的关键。换句话说，即使您的企业在形式上看起来像是达到了顾客满意，也未必真正认识到了“只有顾客的满意才是企业的真正财富”这个道理，英语叫做 Customer - driven Company。也就是说，辨别真伪的要点是经营者的经营理念是否改变了。

顾客满意是一把“双刃剑”

如果把顾客满意当做促销活动的主题来研究是很危险的。顾客满意是一把“双刃剑”。如果企业的顾客满意与实际情况不相符，我们要记住一点，企业越高声叫嚷“顾客满意”，就越有可能助长顾客的不满和反感情绪。当有人问我“顾客满意的下一个主题是什么”时，我会立刻回答“是顾客的不满意”。

1990 年末，日本的各打字机制造公司在贺年片打印功能上大做文章，展开了一场轰轰烈烈的销售大战。我也被制作贺年片的现场表演所吸引，也想体验一下。光打个稿子谁都会，但制作贺年片就需要稍微高一点的技术了。一般来说，仅凭阅读使用说明书是学不会操作方法的。这么一来，也只好给客服中心打电话求助了。可是，一般公司的客服中心从年末 12 月 27 日至 1 月 7 日休假。为了制作贺年片而花十几万日元买来的打字机，到头来却不能在制作贺年片上起作用的话，肯定是令人懊恼的。幸亏有些公司没有把“顾客满意”仅当做口号挂在那里。如果只是在口头上强调“顾客满意”，那么顾客的不满就会升级。在这一期间有很多咨询的实际数据。在日立客服中心的记录上，这一期间对“打字机”的咨询次数是排在第一位的。

图 13－2 顾客满意是一把“双刃剑”

您的公司在搞“三声铃”运动吗？就是指要在电话铃响三声之内接听顾客电话的运动。当您给客服打电话时，一般接听电话的人都会告诉您：“请稍等。”那么您知道这个“稍等”是多久吗？我在某公司客服部做过调查，平均是 50.2 秒。电话转来转去也会使顾客焦躁不安而产生不满。这种情况有一个最差的例子：接线人员有 3 个人，通话保留 5 次，保留时间（“请稍等”的时间）总计为 8 分 10 秒、通话总时间为 20 分 5 秒。也就是说，四成时间被浪费掉了。

图 13－3 丨客服电话中的等待时间

这样的公司把“顾客满意”当成幌子，会使顾客不满增加好几倍。可该公司社长还自吹自擂道，我们公司在培训服务人员时，要让他们掌握一个人能修理所有种类产品的技能。一次，我的研究班里的一名学生去该公司的服务站修理录像机。尽管该公司唱着“顾客满意”的高调，可是应对顾客的服务质量太差，气得我那个学生在心里暗暗发誓，这辈子坚决不再买该公司的任何产品。

顾客服务的关键是“人”

企业为了追求顾客满意，也不一定非得首先进行经营者意识革命。但具体开展这些工作时最重要的一点是什么呢？这就是“人”的问题。特别是与顾客直接接触的在现场为顾客服务的员工（即被称作CP的人），这些人的素质是最大问题。即便同是在现场工作的人，在工厂里制造诸如汽车和电冰箱等无生命物体，和在银行柜台、超市收银台及餐馆等与具有鲜活情感的顾客打交道也是不同的。经营者和管理人员都应该充分认识到这一点。制造产品时，虽然身体很疲劳，但精神方面应该不是那么疲劳的。可是，提供与人接触的服务时，精神疲劳是很大的。身体疲劳通过睡眠等很容易恢复，但精神性疲劳却很难恢复并且还会积存下来。

当您去诸如年末的百货商店、高峰时的火车站、熙熙攘攘的繁华商业街等这些地方时，不要说做什么，只是人挨人、人挤人就已经累得精疲力竭。我想很多人都有过这方面的体验吧。即便您只是坐在办公室里工作，但从早晨开始的一个接一个的访客和会议令您无法喘息片刻，这样忙到傍晚时也是相当疲乏的。

何况直接为顾客提供服务的现场人员要从一大早忙到深夜，接待顾客的密度和深度也比其他情况高出很多。有时还会碰到故意刁难、我行我素的顾客，而把这些作为工作来完成是 CP 们的日常工作。 另外，每天还要频繁处理在产品制造车间不可能有的现金处理，而且有的职业种类，如银行和收银台的工作是专门处理现金业务的。 有的员工工作在脏乱差、整日空气污浊的环境中，还有那种感觉时刻有人在注视自己而不敢懈怠的紧张感。

图 13－4　和“人”、“物”接触的服务

那么，这些人的待遇怎么样呢？ 现实情况是：现场员工被摆在金字塔组织中的最下层，他们的劳动时间长、工作内容重复而单调、工作节奏快慢不规则、升职机会也很少，而且因不受学历的限制，所以工资也很低。 另外，我们也不能否定，认为在整洁的办公室里办公要比在现场工作高级或者了不起的社会氛围还是普遍

存在的。

特别是在服务行业中，由于具有劳动密集型的性质，所以经营者有尽量避免把高薪的正式员工安排在工作现场而雇佣工资低廉的临时工和钟点工的倾向。

当然，在临时工和钟点工中，也有很多人提供的服务比正式员工还要好。但因季节和景气变化等因素导致用工需求不稳定，没有形成较为固定的人工工资，所以企业对录用正式员工感到犹豫不决，从而经常雇佣临时员工。这样一来，临时员工的待遇会更差、身份也不稳定，所以固定率自然也就很低。理所当然地，对工作的热情和干劲儿也会降低。他们只是当一天和尚撞一天钟，没有任何创造性和积极性可言。

公司的代表是现场工作的员工

顾客是不会辨别他所接触的员工是正式工还是临时工、钟点工的。在顾客看来，他所接触的人就是该公司的代表。例如店铺的售货员、餐厅的上菜员、客服接线员、家电修理人员、便利店和超市里的收银员等，这些人都是代表公司的人。顾客是绝不会把社长当成该公司的代表的。直接给顾客提供服务的人，才是该公司、该企业的代表。

因为顾客是这种思维方式，所以企业也必须得和顾

图 13－5 现场工作人员才是关键

客保持一致。所以，无论是正式工、临时工还是钟点工，都要引导他们在工作时意识到自己是公司的代表。

公司的代表是您，而不是社长

现场工作人员必须是在服装、措辞、举止和专业知识等所有方面都能够代表公司的人才。此外，公司的代表必须在所有可能发生的情况下做出准确判断，所以公司需要给予他（她）们足够的权限。

图 13－6　公司要给予现场员工足够的权限

经营者要向员工展示企业前景

为了让现场所有员工通过自己所负责的工作出色完成公司代表的使命，首先要录用适合做这方面工作的人才，然后进行系统化培训。此外企业还需具备公平的人事制度、能够畅所欲言的工作环境和行之有效的激励机制。

斯堪的纳维亚航空公司（SAS）社长卡尔森在他的著作《真实的瞬间》一书中，以一个小故事来收尾。那是有关两个石匠的故事。某一天卡尔森来到一个采石场，看见两个石匠正在切割石头。他问他们：“你们在做什么呢？”其中一个人显出一副不耐烦的样子答道：“正如您看到的，我只是在按照尺寸要求切割石头啊。”而另一个人则两眼放光地回答：“我现在切的这块石头，将成为这个城市大教堂墙壁的一部分。我切的正是如此重要的一块石头。”

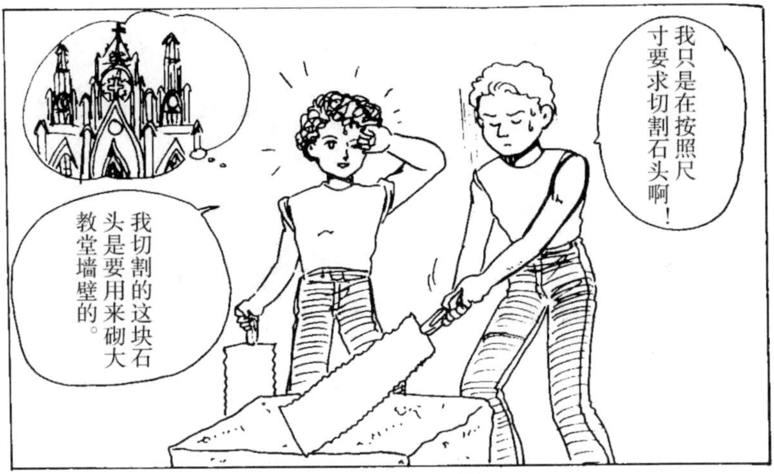

图 13－7　两个石匠的故事

经营者需要向每位员工具体展示企业的整体前景。我想无需说明，上面小故事中的两个石匠到底谁干劲儿更足、生产率更高，大家应该能够一目了然吧。

特别是进行投诉处理的咨询服务中心等重要部门，应该任命正式员工负责接听电话。例如，通用咨询中心负责接听电话的人是经过严格筛选、从每 30 名应试者中才选出 1 名的优秀员工。绝不能指派人才派遣公司派来的无经验人员负责。目前日本企业的现状是：有的企业以正式员工为主负责接待顾客咨询和投诉处理，也有的企业以人才派遣公司派来的人员为主进行这方面的工作。

图 13－8　公司应任命正式员工负责投诉处理工作

由 R&D 向 T&D 发展

以往的经营学在管理领域中，最重视的是财务工作。我认为在今后的经营中，财务的重要性应该不会有变化，而包括录取和培训新员工在内的人事工作所占的比重将会加大。

以往企业在包括设备投资在内的 R&D（英文 Research and Development 的缩写，意为“研究与开发”。——译者注）上倾注了大量人力和物力。但今后 T&D（英文 Training and Development 的缩写，意为“培训和开发”。——译者注）将变得更加重要。

顾客满意办公自动化的意义

我想各位已经明白了“人是顾客满意中最重要的因素”。为了最大限度地发挥人的能力，办公自动化是必不可少的。最近办公合理化发展很快，这个观点也应该放在顾客满意上。应该以“为顾客、员工、公司及所有人带来利益”的观点引进办公自动化和机械化。

在公共汽车等公共交通工具欠发达的美国，出差的商务人员一到达目的地机场，就会立刻跑到租车公司的服务台。在那里填好数张申请表，内容包括住址、姓名、电话号码及驾驶证号码、保险申请表、信用卡等信息，是一个相当累人的活，往往要花费好几个小时。如果稍微去晚了，还得排很长的队等待，令人非常不耐烦。服务台办事员也为检查顾客填写的内容是否有疏漏而十分辛苦，而且往往人累了之后就变得不那么热情了。阿维斯租车公司成立了一个叫做“老板俱乐部”的组织。将以上租借汽车时填写的内容登记一下就可以成为该组织会员，之后您可以得到一张会员卡。有了这张卡，到达机场之后就不用再去柜台，而是可以直接去停车场租车。

这是一个通过办公自动化消除顾客等待时间从而产

生利润的例子。 由于办手续不需要花费时间，所以在员工身上也产生了利润。 而且这么做不仅可以减少公司成本，通过使用会员卡，还使阿维斯出租汽车公司获得了固定的客户群，从而产生了稳定利润。

图 13－9　在美国租车是一项很麻烦的工作

但是同为办公自动化，在日本，只是方便公司赚钱、并没有给顾客带来太大利益的情况似乎很常见。 最好的例证就是银行。 通过引进自动取款机，从以往只能在下午三点前提款，变成现在即使星期天也可以提款。这对顾客的确是非常有好处。 但如果连转账都让顾客操作，对顾客来说没有任何好处。 能够按照画面提示顺利转账的人，只是那些习惯玩电视游戏的年轻一代。 但随着人口老龄化时代的到来，越来越多的老人们会对这样的机器茫然不知所措。 大概在银行的概念中，零星的小额储户还算不上顾客吧。

图 13－10　老人们对于自动提款机很无奈

地球环境和顾客满意的关系

以往有关顾客满意的讨论中所欠缺的，是和地球环境之间的关系。 具体说来，如果漫无边际地追求顾客满意，就会和地球的环境发生冲突。

有的顾客想要用玳瑁做的簪子，还有顾客想要用象牙做的筷子。 如果您通过努力把这些东西弄到手，使顾客感到满意，但这又和野生生物的保护问题发生了冲突。 疑问就是：为了达到顾客满意是否就可以破坏热带雨林和污染海洋环境呢？ 是否就可以无端浪费资源呢？

究竟是否有必要连乡下便利店都 24 小时营业呢？ 全世界尚有因饥饿导致营养失调甚至死亡的数亿人口，可我们是否为了达到顾客满意，就可以把完全还可以食用的盒饭和汉堡包废弃处理呢？ 是否所有的快递都有必要在次日必须送达呢？ 是否因为顾客的期待，我们就应该频繁地对产品更新换代呢？ 是否需要大排放量的汽车呢？我们应该认真思考和看待这些问题。

图 13－11　将完全可以食用的食物扔掉

由“顾客满意”向“消费者满意”转变

日本社会的人口老龄化正在急速发展，另一方面，随着从亚洲各国和南美等国来日工作的外国劳动者的增加，包括身心残障者在内的社会弱势群体问题也将会越来越突出。如何做好这类人群的服务应对工作将成为一大课题。例如，银行和车站如何解决这些人不会使用自动取款机（ATM）和车票自动售票机的问题呢？

图 13－12 日本社会日益突出的弱势群体问题

今后，我们要从单一的顾客满意观点转向消费者满意观点，我们必须要从“顾客满意”开始，最终实现“消费者满意”的目标。这就是我们企业和组织的目的与责任。

顾客满意（CS）和产品责任（PL）的关系

从当前日本社会的讨论来看，企业似乎还是用相同的标准来理解 CS 和 PL。这是由于企业把 CS 当成了 QC 的延伸，所以只能产生这种认识。目前，美国企业为了实现 CS 和激活以往没有在美国企业里稳固下来的 QC 小组，号召企业学习日本 QC 运动的呼声很高。所以日本企业常常认为只要强化 QC 运动就行的观点也是很自然的。

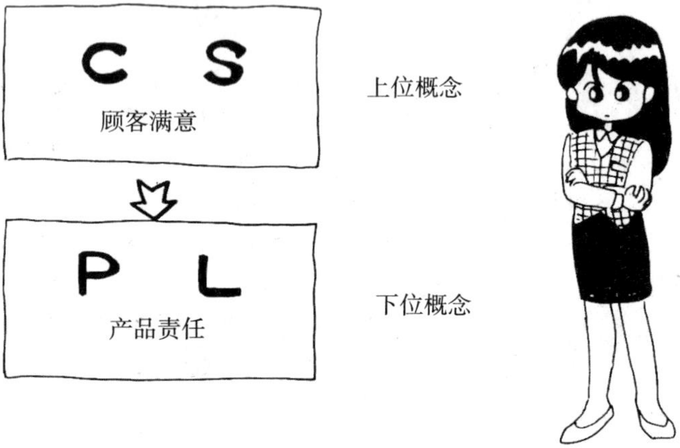

图 13－13　CS 与 PL 的关系

正像我反复阐述的那样，顾客满意是 21 世纪企业的经营理念。产品责任是属于在接受这一理念之后的下部结构问题。如果把顾客满意作为目标提出来，那么接受产品责任的观念就是理所当然的。但是 PL 问题也存在国际性压力，现在正在讨论制定产品责任法，但遭到了很多业内人士的反对，不过在 1992 年秋天，日本首相咨询机关"国民生活审议会"终于提交了关于 PL 问题的最终报告。

如果您的企业把顾客满意作为经营理念，那么您不仅要履行产品责任，还应该尊重这一观点并积极应对。如果从一开始您就对 PL 持反对态度，可另一方面却一个劲儿地强调 CS，那就是非常自相矛盾的。

顾客满意和顾客培训

顾客培训，或者说对顾客进行启发是非常重要的。企业在对内部顾客——员工进行培训的同时，也应该对外部顾客的培训倾注力量。我认为企业应该在传授顾客家庭教育和学校教育中缺乏的社会常识方面多下工夫。

在扩大顾客满意方面，对企业来说如何确保顾客满意与成本之间的平衡很重要。那么应该如何去做？例如为了使 90% 的顾客满意，花费 125 万美元就够了，但为了能让剩下的 10% 的顾客也满意，即达到 100% 满意率的话，就还需要投入 125 万美元。也就是说，达到全部顾客满意需要的花费比达到 90% 的顾客满意多出一倍的费用。

提高削减成本效果的一个方法是：即使达不到培训顾客的水平也应该和顾客共享信息。也就是说，要充分与顾客沟通交流。当顾客知道实际情况之后就会表示理解而不投诉了，这样成本也随之降低。请记住：企业收到的咨询和投诉的绝大部分，都是在顾客不了解实际状况、信息未公开的情况下发生的。如图 13－14 所示，因火车站停止发车，导致人们进入火车站受到限制，火车站内混乱不堪。 如果把某位乘客落下，局面将不可收拾。 如果车站能事先向顾客说明一下，顾客应该会谅解。 但由于没有向顾客作出任何说明，所以顾客才会产生不满和投诉。

图 13－14　火车站未向顾客说明而导致的混乱局面

顾客满意所发挥的强大力量是宣传力。 这就是创造神话。 我们也需要创造“SAS 神话”、“诺思通神话”。 大和运输也曾拥有过可以创造神话的事例，可为什么没有这么做呢？ 可能是因为假如又发生像 1959 年大雪那样的事情，大和公司会害怕如果替顾客支付滑雪费，将发生顾客蜂拥而至的情况。

服务经济型社会的企业思维方式

卡尔·阿尔布雷希特曾经用图 13－15 说明过有关以往工业经济型社会和今后服务经济型社会企业思想、状态的区别。

以往的经营哲学是“资本和劳动生产率高低决定利润的产生”。而今后的经营哲学则必须要变成“服务质量高低决定利润的产生”。以往的工作课题是“执行规定的工作，要与工作标准一致”，现在则要变成“通过管理决定性瞬间确保顾客满意”。管理人员的工作也要由原来“遵从按照标准进行的统一管理和基准”变成“把权限转让给现场，协助现场人员把工作做好”。

以往的工业型社会（通用公司的经营）		中心课题		今后的服务型社会（摩托罗拉公司的经营）
资本、劳动的生产率	⬅⬅	经济原则（追求利润）	➡➡	服务质量
执行规定的工作在业务标准上达成一致	⬅⬅	工作课题	➡➡	通过管理决定性瞬间，保证顾客满意
测定生产规范	⬅⬅	测定标准	➡➡	顾客满意的依据
按照标准统一管理和遵守	⬅⬅	管理人员的课题	➡➡	权限转让/支持/援助
组织/程序/法律方面的限制	⬅⬅	组织的课题	➡➡	维持和调整第一线工作人员的人力和财源
通过组织进行经营	⬅⬅	经营者的课题	➡➡	创造和维持服务文化

图 13－15　企业经营概念

我想在此强调的是：对今后的企业来说，高质量的服务（顾客满意）将会取代生产率和效率为企业带来利润。 经营者的角色不是管理和监督，而是要给员工展示企业前景，把权限移交给现场工作的员工，成为激发员工工作热情的领导人。

最后我给大家介绍一个小故事，以此来为本书结尾吧。

这是发生在美国某银行的真实故事。

图 13－16 学习手语的银行员工

某天，银行税务咨询室里来了一位有听觉障碍的顾客，办事员无法和他交流，无奈只好用笔沟通。 花了好长时间，总算弄好了申报资料。 尽管这位办事员最终把这件棘手的工作处理完了，但她因自己没能充分和顾客进行沟通而感到有些遗憾。于是，她开始学习手语。一转眼又到了第二年的确定申报时间，去年那位有听觉障碍的顾客又来了。

和去年不同，由于这位办事员可以用手语和他直接交流，所以这位顾客对服务非常满意。而且办事员由于将自己的意思充分传达给了对方，她本人也感到非常满意。接下来发生的事情可不得了了，那家银行能用手语和顾客进行税务咨询的消息很快就传开了。那位初次来银行的听觉障碍者把自己的朋友和熟人都领来了，银行也由此拓展了新的顾客群。这样一来，顾客、办事员及银行的所有人都得到了满足，银行也由此获得了利润。这就是顾客服务所带来的成效。

顾客满意公式

顾客满意公式是由约翰·古德曼创造的，也被称作“TARP 公式”。很多地方把这个公式用在说明扩大顾客满意的方法上。

安飞士欧洲公司把带着“顾客满意检查表”的钥匙扣交给刚来公司工作的临时工和新员工，而且在钥匙扣上也印着顾客满意公式。

从经营者到现场临时工在内的公司所有员工，最重要的是“从一开始就要把工作做妥当”，而且要给顾客提供满意而有效的投诉处理。这会带来顾客的再次购买，并维持顾客的品牌忠诚度。

图 13－17　安飞士欧洲公司发给员工的钥匙扣

希望您不要忘记：顾客满意的决定权不在于企业，而永远是顾客本身。

下面我给大家介绍一下安飞士欧洲公司的“顾客满意检查表”。请您在使用时将安飞士的名称去掉，填上贵公司的名称。

①我现在所做的事情，是否向顾客提供了再次利用我们安飞士服务的动机？

②我现在所做的事情，是否向顾客提供了该顾客向其熟人和朋友推荐我们安飞士公司的动机？

③我现在所做的事情，是否向新顾客提供了想使用我们安飞士公司服务的动机？

④我现在所做的事情，是否能在消除或减少顾客不满意的因素上起到作用？

⑤我是否从一开始就在努力把工作做妥当？

总之，专心致力于顾客满意是一项非常艰苦的工作。还是那句话，顾客满意是一把双刃剑。如果只是在口头上预先向顾客承诺顾客满意而不付诸实施，例如因公司某个部门的一名临时工不恰当应对顾客电话而造成顾客不满的话，那么公司越强调顾客满意，就越会增加顾客对该公司的不良印象。一边唱着“保护环境问题和废品回收利用”的高调，一边却在推出大排放量的汽车。与欧美汽车厂家相比，日本汽车厂家频繁进行汽车的更新换代，这样一来，越夸夸其谈顾客满意就越令人感觉失望。

一旦提出了“顾客满意”，是无法后退的，要做好公司破产或解散的精神准备。也就是说，如果您没有执行的自信和决心，就不要轻率地把“顾客满意”挂在嘴上。

今天的谈话仅仅是老师的顾客满意论的序章和基础，即入门篇。
我现在正跟着老师学习高级课程。
您感觉怎么样？老师的话起作用了吗？
我想您在工作中肯定从老师的话里得到了某些经验和启示。
总之，目前学习顾客满意的人很少，而且还是一个没有开拓完全的领域，
所以我就边读边问。每次学的都是新内容，太有意思了。
因为一个人学习也很无聊，
所以我想请老师每月召集一到两次研讨会让大家在一起学习。
是的，为了能让大家更好地学习顾客满意，在书的后面还附加了有关顾客满意基础知识方面的资料。
我认为很有参考价值。请您也努力学习吧。

卷末资料

顾客满意的业务流程

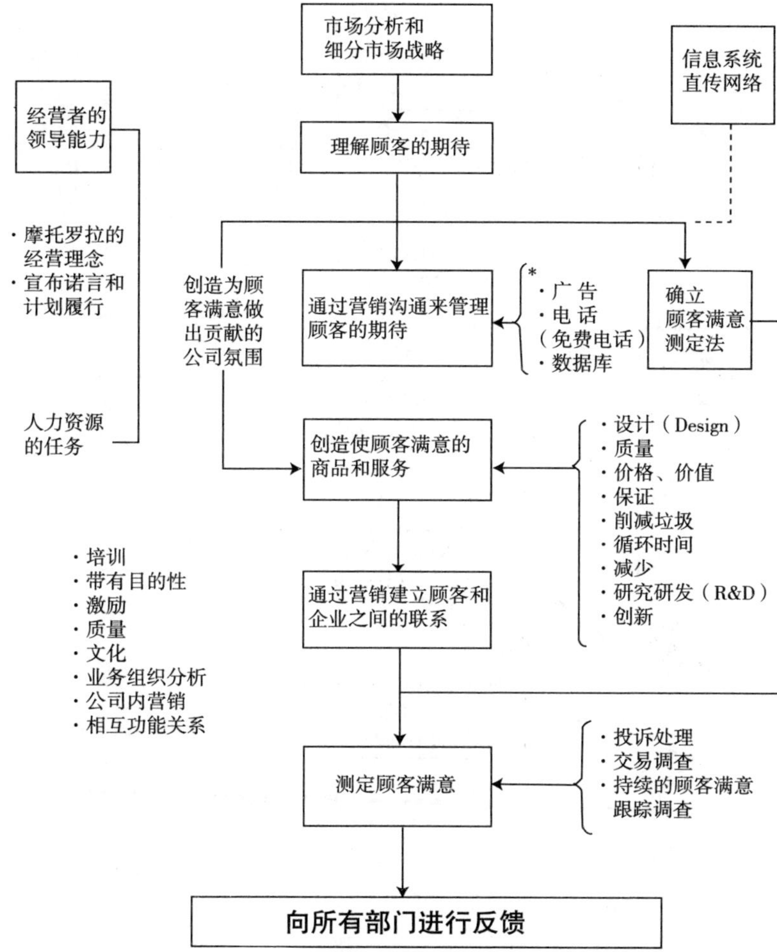

根据 AMA' S PROFESSIONAL DEVELOPMENT PROGRAM
翻译、删改　白鸥大学　佐藤知恭c1991　*符号为删改位置

服务质量的概念模式

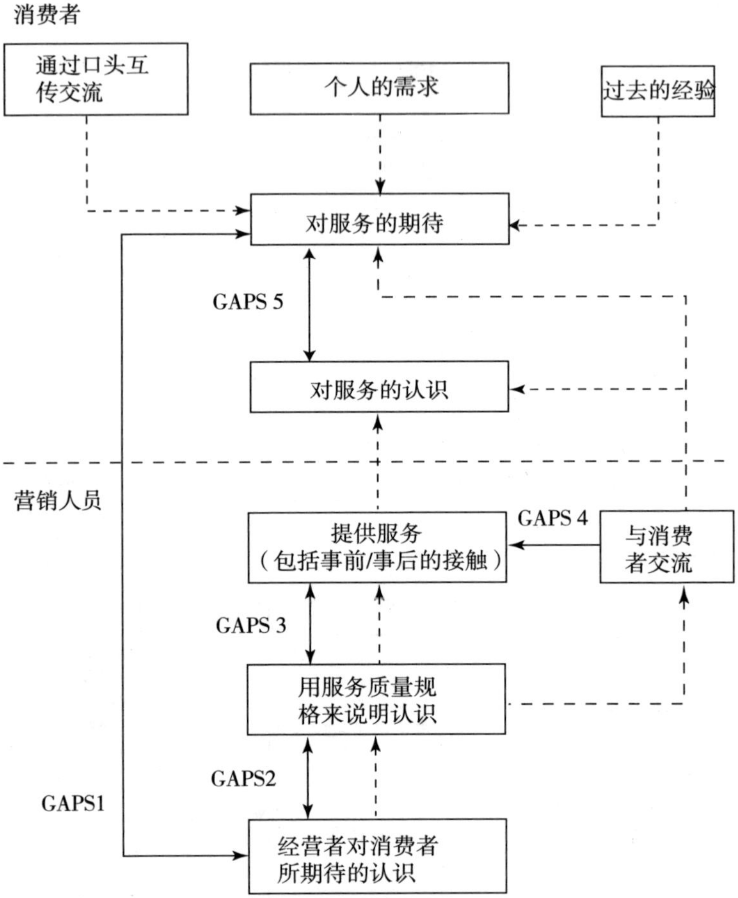

根据雷奥·贝利的《服务质量》一书

图书在版编目（CIP）数据

服务的细节：如何让顾客的不满产生利润／（日）佐藤知恭 著；王占平 译. —5版. —北京：东方出版社，2012
ISBN 978-7-5060-4620-6

Ⅰ.①服… Ⅱ.①佐… ②王… Ⅲ.①企业管理：销售管理—商业服务—研究 Ⅳ.①F274

中国版本图书馆CIP数据核字（2012）第072079号

服务的细节：如何让顾客的不满产生利润
（FUWU DE XIJIE：RUHE RANG GUKE DE BUMAN CHANSHENG LIRUN）

作　　者：[日] 佐藤知恭
译　　者：王占平
责任编辑：姬　利　高琛倩
出　　版：东方出版社
发　　行：人民东方出版传媒有限公司
地　　址：北京市西城区北三环中路6号
邮　　编：100120
印　　刷：北京文昌阁彩色印刷有限责任公司
版　　次：2012年7月第1版
印　　次：2021年2月第5次印刷
开　　本：880毫米×1230毫米 1/32
印　　张：7.375
字　　数：130千字
书　　号：ISBN 978-7-5060-4620-6
定　　价：29.00元
发行电话：（010）85924663　85924644　85924641